U0115820

香港浸會大學近代史研究中心專刊

明中晚期的法律史料
與社會問題

譚家齊　著

致謝

　　一九二〇年，美以美會（Methodist Episcopal Mission）之石美玉（1873-1954）與胡遵理（Jennie V. Hughs, 1874-1951）二人，同至上海建立伯特利教會，藉佈道、醫護、辦學、育孤及文字事工，建立其宣教事業。至一九三〇年更成立「伯特利環遊佈道團」，由計志文（1901-1985）、宋尚節（1901-1944）等領團佈道，足跡遍佈全國，為三〇年代中國宗教復興的一面旗幟。一九三八年因日本侵華，該會神學院及孤兒院南遷香港，繼而內遷貴州。抗戰勝利後，重返上海，終因內戰，於一九四七年再次南移香江。在該會藍如溪（1905-2004）與胡美林（1908-2004）等努力下，於九龍嘉林邊道續辦神學院、中小學幼稚園，並於香港、臺北及多倫多（Toronto）相繼建立教會。發展至今，已然百載，實為華人自立教會中的翹楚，殊值感恩紀念。

　　香港浸會大學歷史系近代史研究中心，成立於二〇〇二年，中心向以近現代史為研究方向，其中對基督史，尤為關注。歷來已接受香港基督教教會及團體捐獻，研究相關課題。今次荷蒙伯特利教會捐款，資助研究，已為該會之百年史研究立項。二〇二〇年正值香港伯特利教會百年嵩壽之時，中心特予出版專刊五種，包括李金強：《近代中國牧師群體的出現》、郭嘉輝：《明代衛所的歸附軍政研究——以「山後人」為例》、譚家齊：《明中晚期的法律史料與社會問題》、黃嘉康：《近代福建知識分子史論》及周子峰：《近代廈門經濟社會史論叢》。五位作者，均為中心成員，所著亦反映中心之研究方向。故以上述專刊之出版，藉此為該會首開賀慶，以表謝忱之意。

自序

　　我在香港的教會學校中度過愉快的中學時光。因為社會上多有「宗教都是導人向善」的說法，我對《聖經》及基督教信仰的倫理道德教訓，自是細心聆聽，希望汲取教會前賢對天道的理解，結合中國傳統倫理道德，成為一個更善良的人。記得在當時聖經課中有教導《使徒行傳》的內容，其中有涉及地中海交通情況的章節，令對歷史地理原已極為著迷的我，比平常更為留心。在此經卷的二十九章交代了羅馬的地方政府，要將涉嫌妖言惑眾的使徒保羅，由小亞細亞循海路運往羅馬，但途中經歷很多苦楚與風暴，而他們所乘坐的船隻，更不幸在馬耳他島沿岸擱淺了：

> 天亮的時候，他們不認得那地方，只見一個有岸可登的海灣，就想法子看能不能把船靠岸。於是他們砍斷纜索，把錨丟到海裡，同時也鬆開舵繩，拉起頭篷，順風向著岸行去。但碰到兩水夾流的地方，就擱了淺，船頭膠住不動，船尾被浪的猛力衝壞了。士兵的意思要把囚犯都殺了，免得有游水脫逃的。但百夫長要救保羅，不准他們任意而行，就吩咐會游水的，跳下水去，先上岸；其餘的人則用板子或船的碎片上岸。這樣，眾人都獲救，上了岸。我們既已獲救，才知道那島名叫馬耳他。當地人非常友善地接待我們；因為正在下雨，天氣又冷，他們就生了火歡迎我們眾人。（《聖經和合本新修版‧使徒行傳》27:39-28:2）

這段聖經是我對船隻擱淺最早的認識，在二千年前地中海沿岸居民善待船隻擱淺的遇難者，也令我印象深刻；更使我以為對遇難客旅施出援手，是人類與生俱來的善良本性。

不過，近年偶然讀到一些有關中國大陸對遇難客旅見死不救的新聞，開始挑戰我對人性的認識。二○一二年五月十四日，香港的《蘋果日報》載有一條題為「西瓜車司機撞車，村民懶理搶西瓜」的新聞，內容詳情如下：

> 二輛分別載有西瓜及植物的貨車，在長沙京港澳高速岳陽段相撞，車上的西瓜散落一地，吸引附近大批村民「搶西瓜」，未有理會車上被困的人死活。事發於昨天凌晨三時許，兩輛貨車失控相撞，載有西瓜的貨車車頭嚴重變形，司機及一名乘客被困車內，滿臉血跡，消防員經過一小時搶救，才將二人救出。西瓜車的司機被救出後證實死亡。

想像一下在夜半時分，於居所附近出現交通事故，在睡夢中驚醒的居民即群起趕赴現場。如果接下來他們是做古代馬耳他人救急扶危的義行，舉世都會對現代中國人刮目相看呢。可惜，他們卻是落井下石，搶掠受害者，甚至因他們阻礙交通而延誤對傷者的急救，使原來不一定要死的受害者失救至死！究竟是否經歷文革後的現代中國人，才是那麼惡劣的呢？

本書的其中一章，便講明末判牘中所見船隻擱淺時，被沿海居民搶掠殺奪的境況。在擬題和討論的時候，我就是想著究竟作為「禮儀之邦」的中國，在傳統時代經濟與文化都處黃金時代的晚明，當時的「民風」究竟跟現代中國相比，是否有很明顯的不同？至於其餘討論律典編刊、治安理念、判牘出版，以及法律與社會文學等互動的章節，皆為探討過往幾百年中國的社會規範、官吏操守、治安管理等問題，如何反映一些中國社會根深柢固的積習，和明代官民對有關問題的理解與處理的成敗得失。我心底的關懷，是這一切對我們要成為一個更善良的國家民族，會否有一點點可供借鑑，或引以為誡的地方呢？

感謝香港伯特利教會的慷慨資助，在香港浸會大學歷史系的李金強教授主持下，這部討論傳統中國法律與社會的論集得以成書出版。但願我們在中國歷史文化中得來的教訓與經驗，可揉合基督教的道德與大愛新元素，令中國人成為一個更善良，對這美麗世界更有益的群體。

目次

第一章
導言

　　明代中晚期是個富爭議的時代，一方面經歷了明初各種政治社會制度的瓦解，由王公貴族到市井小民都經歷不同程度的焦躁不安，令人感到的是動盪的時勢。另一方面，因為中外各種有利的交通與生產因素，社會經濟突飛猛進，百姓的物質生活前所未有的豐盛；雖然也有貧富懸殊的問題，更有傳統道德難以規範新情況的難處，不過多數人仍感到豐衣足食的好處，奮發爭利甚至冒險破壞法紀，竟有機會出人頭地。

　　針對這個既動盪又繁榮的時代，本書嘗試從法律與治安的角度，以及前人較少利用的判牘及未盡善使用的話本小說史料，去探討十六至十七世紀中國的社會經濟情況。書中收錄的八個篇章於二〇〇六年至二〇一五年的十年間寫成，多數發表於學術會議的論文集或較專門的期刊與專刊之中。是次結集更新了個別章節，也吸納了部分相關的新研究成果，期待能為有關中晚明社會經濟變化的討論，提供較少為人注意新的角度與材料，特別希望從法律與治安的角度拋磚引玉，分享利用法律史料研探明清中國社會的潛力與趣味。

　　在導言之後的第二章「律以載道：范永鑾與嘉靖朝的律學潮流」，原載於范止安編：《范學論文集四集》（香港：景風教育基金會，2006年，頁43-68）。范永鑾（1514年進士）在中國立法的歷史上，算不上是個十分重要的人物。不過官至浙江道御史的范永鑾，對《大明律》及《問刑條例》的刊印非常熱心，而我們對他的認識即在《大明律范永鑾刻本》。不過，直到二十世紀末以前，有關刻本仍是只知其名而未見其書，前輩明代法制史專家黃彰健先生，花數十年功夫遍尋中外《大明律》的各種刻本，將不同時代的知見《問刑條例》內容盡量附於各條律文之後，成為中國法制史不可或缺的工具書《明代律例彙編》（臺北市：中央研究院歷史語言研究所，1979年）。只是黃彰健一直遺憾的，就是未見范永鑾的刻本，因而令他的彙編未得完全。本

章趁《四庫全書存目叢書》將范氏刻本訪得重印，一方面以地方文獻介紹罕為人知的范永鑾生平，從此見明中葉有心治世的中級官員如何在法律及事功上盡力作為。另一方面則較系統地介紹這部過往為明代法史研究的「漏網拼圖」。此書編纂有兩點值得加倍留意：首先，從刻本的編排方式來看，范永鑾並不遵從嘉靖皇帝（1522-1566在位）律例分家的要求，竟將例附於律後並排刊出。其次，在各律例後也附上《大誥》等祖制，以作相關法律的解釋與司法審判的引據，此或反映當時人有以回歸洪武祖制作法律最高權威的傾向。

第三章「貪盜並生：張居正對治安問題的理解」，原以「懲貪以滅盜——張居正對晚明地方治安問題的理解及相關的解決方案」為題發表於南炳文及商傳合編的《張居正國際學術討論會論文集》（武漢市：湖北人民出版社，2013年，頁100-108）中。自嘉靖至隆慶萬曆期間多次站在權力頂峰的大臣張居正（1525-1582），一直視地方的盜患為明代主要的管治問題。盜賊的問題不只包括沿海的倭寇，而且也包括京師一帶及各經濟中心區域內，在道路上攔途截劫的盜匪。有關治安問題不只打擊貿易的發展，更削弱中央對地方政令的推行，而使明廷不能有效管治全國。除了加強捕盜的執法外，張居正認為要痛治問題的根源，必先處理官吏與盜賊互通聲氣的貪汙腐敗情況。他不斷強調反貪與廉政，對郵傳與水路運輸的改革，或多或少都與整治盜患有關。本章先分析張居正對柄政前後地方治安問題的看法，再細察針對有關問題所作的具體措施，以此為基礎評論江陵對晚明地方治安的改善，以及對商品的流通及市場經濟的發展所作的貢獻。張居正極力懲貪，乃因視貪汙為盜禍之根源。他認為貪汙不除，破壞社會秩序和侵蝕大明統治根基的盜匪，必無法根絕。此種「懲貪以滅盜」的思想貫徹於張居正數十年的言行。

第四章「是非公論：明代判牘研究之回顧與展望」，初發表於二〇一三年慶賀香港中文大學歷史系五十週年的學術會議上。本章介紹自上世紀八十年代開始，中日學者發現明代判牘的重要性，從中探討案例反映的社會治安問題，以及邊緣社群的狀況，補充過往只從正史、文集、筆記，甚至話本小說勾勒基層社會面貌的窘境。其中著重回顧一九九〇年代以降，各地學者對於明代判牘的刊印、注釋，以及應用研究的概況，尤其注意史家對《百一新

判》、《瞥辭》、《雲間讞略》、《折獄新語》、《莆陽讞牘》及《盟水齋存牘》等
重要案牘結集之討論旨趣所在。既說明明代判牘是研究基層社會及地方歷史
必要的材料，故今後研治明代社會經濟史而忽略此等司法資料，將是不可饒
恕的疏忽；同時也指出近人未有充分應用判牘來理解明代的司法運作，有必
要倡導更積極地以判牘來研究法制史，並從案例檢視有關明代司法的成說，
及勘驗前線法官對官文書所規定法制原則之實踐程度。

　　第五章「待罪廣李：顏俊彥的《盟水齋存牘》」，原以「待罪廣李：顏俊
彥生平及《盟水齋存牘》成書的糾謬與新證」於二〇一一年發表於《漢學研
究》（第29卷第4期，頁201-219）。承接上一章講述明代判牘一般的情況後，
本章深入分析其中一個資料最豐富，前人誤解也最多的個案。晚明廣州府推
官顏俊彥（1580年代-1666）的《盟水齋存牘》可說是當今其中一部流通最
廣的明代判牘結集。透過徵引新見史料及重新審視《盟水齋存牘》的內證，
本章澄清了多種對顏俊彥生平的重要誤解。例如他在廣州府的任期是由崇禎
元年至六年（1628-1633）的，期間並沒有如今人慣說的於崇禎三年「被論
革職」；而《盟水齋存牘》二刻所載的案例，則是於崇禎四年至六年間顏氏
第一次三年考滿之後所審理的。除此以外，本章也考證了《盟水齋存牘》所
有未標示日期的序引之寫作時地。其中最重要的發現是李樂原為介紹顏俊彥
父親顏學易作品而撰寫的〈引〉，在《盟水齋存牘》約於弘光年間再版時，
竟因保障銷情及流通而被借用來推介故人之子的判牘。《盟水齋存牘》的例
子，正反映了晚明初仕的地方官員，會視於特定地域或社群中出版及傳播其
個人判牘及其他官文書為仕進的重要助力，此或解釋了當時多有這類官文書
結集出版的現象。

　　承接《盟水齋存牘》對晚明個別判牘的討論，第六章「妙筆生花：李清
的《折獄新語》」處理另一部筆風與顏俊彥判牘迥異，但仍是非常忠實地記
錄晚明司法實況的「風趣判牘」。本章原題為「風趣判牘：南明史學大師李
清早年所著的大眾讀物《折獄新語》之成書、流傳與影響」發表於二〇一五
年七月在貴州安龍舉辦的「南明史國際學術會議」上。除了顏俊彥等前線法
司刊刻那些保留了公文格式幾乎原文照錄的判牘外，晚明開始湧現一批專供

大眾消閒閱讀強調「趣味」的判牘；透過真實的罪行與審判，讓百姓初步掌握法制的知識。在一六三一至三七年間任職寧波府推官的李清（1602-1683）在此職結束後即出版了《折獄新語》，乃此類以趣味招徠的判牘之始祖之一。集結了他處理的二三四宗案件後，在出版前再由浙江當地知名的通俗作家王思任（字季重，號遂東、謔庵、稽山外史、會稽外史，1575-1646）潤飾修訂。雖然書中文字俏皮通俗，但所收案例並非是杜撰的，而確是李清寧波任內所處理過的。透過論證《折獄新語》及類似作品的作者與出版情況，本章分析此類供大眾閱讀的「風趣判牘」，何以會在晚明中國的江南地區出現，並且指出除低層官吏外，一般百姓也渴求法律知識與司法經驗，因為這種知識已是日常生活的重要部分，甚至對生死禍福有關鍵的意義了。

第七章「生死愛慾：晚明判牘呈現的性別世界」，於二○一五年十二月發表於深圳大學歷史系主辦的國際學術會議「明清時期的民事習慣與民間秩序」。在前面章節討論過晚明的判牘特色與成書出版情況後，本章便以新近出版的晚明判牘為主要資料，嘗試以這些法制的史料來呈現當時社會中的性別世界。前半部先討論強姦、婚姻及姦淫與和姦等必須以性別框架處理的問題。然後再集中討論明代中國有關妓女的管理，以及涉及妓女衝突的律法與案例，讓性別議題在傳統法律的衝突中之處置手法，可更具體地呈現出來。除了男女問題外，晚明個別地區男色風氣頗盛，同性戀人之間或有激烈衝突，而且判牘所見更有福建地區男子強行雞姦同性的罪行，此皆足見當時社會風尚開放，亦可與男女的性別衝突作出比照，以呈現晚明性別世界更完整的面貌。

第八章「進退兩難：從晚明沿岸擱淺船隻的遭遇看海洋貿易的風險」，原於二○一三年發表於中國社會科學院的期刊《明史研究》（第13期，頁196-203）。本章也是表現判牘史料反映社會實況的嘗試。從多部晚明案例結集及西方旅人航海記錄可見，中國東南瀕海居民，多有視觸礁船隻為待宰羔羊，而有趁火打劫之惡行。原來並不嚴重的觸礁意外，竟為航海商旅帶來致命後果；就算虎口餘生，財貨亦必遭洗劫！正因近海航行極其凶險，船隻出洋貿易便慣採深洋水道，而航靠近岸時亦必選海員熟悉的鄉故之地──除認

得水文細節，一旦擱淺或能因親故紐帶而受較仁慈的對待。或因此等風險，十七世紀中國國際海洋貿易網絡，乃是由重要港口直接聯絡外國商埠，而少有聯絡各大港的近岸航道系統。

　　第九章「虛中有實：晚明《警世通言》所載司法事件的法制史解讀」，原於「第二屆中國古文獻與傳統文化國際學術研討會」（北京師範大學，2011年10月）發表，當中討論的重點不再在於律例與判牘，而是回到前人常用的話本小說材料，究竟是否適合用以處理法制史的議題。《警世通言》是晚明大文豪馮夢龍編著的系列通俗小說《三言》的其中一部。此書一方面收錄與改編了不少宋元以來的戲曲小說，另也載入了馮夢龍因目睹耳聞而加以想像的新創故事。本章就是要從《警世通言》這個文學寶庫，探索司法在馮夢龍的藝術世界中所占的角色，並且重新審視此類話本小說作為法制史史料的效用與意義。簡要言之，書中情節時會反映晚明司法系統的運作情況，例如縣官初審後的覆審程序，縣官與皂役的合作與矛盾，以及御史與推官之間的互動等等。這些訊息都可補充與引證官方史料。此外，《警世通言》也論述了司法不公和地方豪強扭曲法制的惡行，與晚明的其他法制史料互相呼應，反映出明代或以前朝代法制的缺失。這些都可說是《警世通言》對研究法制史的價值。不過，作為一部文學作品，司法在馮夢龍筆下又有何地位呢？究竟它是否彰顯公義的工具？還是要訴諸其他超乎法律的手段，甚至超自然力量，才可讓是非賞罰適得其所？這正是本題目探索的旨趣所在。

第二章
律以載道：
范永鑾與嘉靖朝的律學潮流[1]

一　引言

　　研治中國傳統法制史首重法律文獻的徵集。近人研究明代法制史的時候，卻曾為一部刊印於嘉靖朝（1522-1566）的《大明律》刻本下落不明，以致難以掌握明朝中期律與例的使用與法律解釋情況而長期飲恨。這部稀見的律法版本，就是嘉靖湖廣名宦范永鑾所刊印的《大明律范永鑾刻本》。原來此刻本長期隱藏於北京國家圖書館的善本書庫中，一般學人難以輕窺箇中內容，更遑論作出專題探索。幸而年前國內學者在編印《四庫全書存目叢書》的時候，抱持精挑細選的原則，將塵封已久的《大明律范永鑾刻本》包納其中，讓這部研究明代法制史不可或缺的明律版本化身千百，使我們藉此可加深對嘉靖前後律學發展方向的理解。

二　桂陽范氏與范永鑾的家學

　　由於《明史》等全國性史志未有收錄范永鑾的傳記，我們便只能在地方史料中尋找這位嘉靖時代律學名家的蹤影。在清代乾隆年間（1736-1795）編纂的《桂陽縣志》，便對范永鑾的生平、文學以至桂陽望族范氏的情況都有較為詳盡的記載。

1　本研究蒙太古教育基金（The Swire Educational Trust）慷慨贊助部分搜集資料的研究費用，特此鳴謝。

　　桂陽縣即今日湖南省汝城縣，位於湖南、廣東與江西三省的交界之處，是一個地勢崎嶇不平，難以種田而必須依靠筏木業支撐經濟的山林地區。縣內居民成分複雜，住有大量瑤族等少數民族，他們對漢人統治總是若即若離，遇有荒年或貪官汙吏時更會毫不猶豫地聯合起來進行抗爭。這一帶在明代是一個既經濟落後，而又常處動盪局面的問題地區。可是，歲寒而知松柏之後凋，在這樣艱苦的外在條件下，桂陽范氏仍能逆境自強，注重族中子弟的文化教養，長期在科舉考試中脫穎而出，在湖南一帶更是代有聞人，對桂陽地方以致全國的文化事業作出了一定的貢獻。

　　范永鑾家族為北宋名臣范仲淹（989-1052）後人，明戶部尚書邊貢（1476-1532）在〈與范蘇山〔永鑾〕四首第二〉即寫道：

> 廊廟江湖身世，後先憂樂心情。
> 本是仲淹孫子，往來中外知名。[2]

他們世居於現今汝城縣縣城郊外的益道村，該處至今仍有范氏宗祠等一系列祠堂與牌坊。當中有一座稱為「天下第一坊」的「繡衣坊」。桂陽縣原來有兩座繡衣坊，其中一座為范永鑾而建，今已不存。現存這座則是由湖廣監察御史毛伯溫，率領桂陽官民於明正德十四年十二月（1520年1月），為頌揚范永鑾的叔父范輅而建的。范輅當時為監察御史（繡衣），因參劾寧王朱宸濠（?-1519）不法事而繫獄經年，官場正人為之深深不忿，而此坊正是為慶祝范輅獲得平反而修築的。[3]不過，桂陽范氏科甲功名事業的真正奠基者，卻要數范輅的叔父、范永鑾的從祖父范淵。

　　范淵，字靜之，號君山，自幼聰敏過人，在少年時代已是文采非凡，才

2　〔清〕凌魚纂修：《乾隆桂陽縣志》（海口市：海南出版社，2001年，《故宮珍本叢書》）（海口市：海南出版社，2001年，《故宮珍本叢書》），卷12，頁565上。

3　范輅的繡衣坊在清中葉時位於桂陽縣城舊市之東，見《乾隆桂陽縣志》（海口市：海南出版社，2001年，《故宮珍本叢書》），卷3，頁324上。有關繡衣坊現今的位置與考古研究情況，見《瀟湘晨報》二〇〇三年四月的報導：（參http://www.longhoo.net/big5/longhoo/news/civil/node107/userobject1ai54665.html）。

華橫溢，同學論友俱是桂陽的一時俊彥。弘治元年（1488）提學副使沈鍾在考評縣學諸生時，拔淵為第一，並有「驥驤難淹櫪下」的評語。[4]他次年果然在鄉試中脫穎而出，成為舉人。[5]弘治九年（1496）進士登第後，授刑部陝西司主事，轉員外郎，再晉升為郎中。任職刑部期間，「讞獄平恕，人以無冤稱之」。[6]當他眼見大牢囚犯在隆冬時枷械的苦況，便上疏五項獄政建議以減輕犯人的凍餒。這些善心的建議皆被朝廷採納。

　　然而，范淵的仕途並非一帆風順。他剛正不阿的性格，令他得罪了臭名昭著的大宦官劉瑾（?-1510）而兩度被捕捶杖，更被貶到極為偏遠的四川威州出任知州。他卻沒有因為謫降的逆境而洩氣，反趁任職地方的機會大展拳腳，盡心改善威州的落後境況。或許因為該州與其家鄉桂陽的情況相近，范淵的施政都能切合當地的需要，因而效果顯著。為改變威州強悍的民風，他便頒下《民訓》十五條，反覆申誡，以致風俗大變。又因為邊地少文，他選擇民間優秀子弟數十人入學，作《學訓》十三條，親為講解，並時常巡視督導，令當地的少數民族也都爭送子弟入學。[7]在任期間政平訟理，得威州居民愛戴，更為他建立生祠勤加祭祀。范淵後來擢升為雲南按察司僉事，臨行時威州父老隔道相送，哭聲震天。不久，再晉升為雲南按察司副使。范淵五十歲時得一子，文壇領袖李夢陽特地作〈七峰歌壽范郎中淵〉為他祝壽。[8]他任事鞠躬盡瘁，最後卒於雲南任所，終年五十八歲。

　　范淵臨終前作〈絕筆詩〉，當中有言「喜有書香傳子姓，誰題文字謝交遊。」李夢陽、何景明等友好即撰多篇〈和范君山絕筆詩〉作輓。[9]王守仁

4　《乾隆桂陽縣志》（海口市：海南出版社，2001年，《故宮珍本叢書》），卷10，頁405。

5　《乾隆桂陽縣志》（海口市：海南出版社，2001年，《故宮珍本叢書》），卷9，頁385上。

6　董天賜：〈范君山遺愛錄序〉，載《乾隆桂陽縣志》（海口市：海南出版社，2001年，《故宮珍本叢書》），卷12，頁472下-473下。

7　《湖南當代人物庫》：（http://hncd.hnu.cn:81/was40/search?channelid=13146&searchword= 03FF8D90B.0000097E.388F）。

8　《乾隆桂陽縣志》（海口市：海南出版社，2001年，《故宮珍本叢書》），卷12，頁567。

9　《乾隆桂陽縣志》（海口市：海南出版社，2001年，《故宮珍本叢書》），卷12，頁552下-553上。

（字伯安，號陽明，1472-1529，明代理學家，王門心學創始人）讀此詩後亦題語識感，[10]作〈跋范君山憲副絕筆詩後〉：

> 此吾故人范君山絕筆也。君山之歿，予方以謫官奔走，不及一哭弔。讀其詩，為之泫然涕下而文字。謝交遊之語，猶不能無愧。正德乙亥冬，君猶子侍御以載〔范輅〕持以見示，書此以識予感而歸之。[11]

從這些唱和的詩文可見王守仁與桂陽范氏的交情絕非泛泛，也可知范淵在治國之餘，亦究心於齊家，注意家族子弟的教育。他親自訓誨從子范輅及從孫范永鑾等後輩，[12]同時更栽培鄧文璧、鄧臯和何鎬等桂陽名士。范永鑾在〈祭君山從祖文〉中，便表達了對范淵教育深恩的感激：「不肖自髫年〔七歲〕從遊太學，每懷教育之恩，圖報無由。」[13]而最佳的報恩方法，就是繼承其志，將范淵的耿直政風與長期任職法司所得的律學發揚光大。

　　首先繼承范淵志向的是范永鑾的叔父范輅。上文已提及范輅於正德時已因參劾逆臣寧王朱宸濠而為世所重，其令名不下於范淵，後來《明史》更具載其傳。[14]范輅，字以載，號三峰，弘治十一年（1498）舉於鄉。在正德六年（1511）登進士後[15]，獲授行人，除南京御史。明武宗朱厚照（1506-1521在位）久而無子，范輅便與同官上書，請擇宗室賢者育於宮中，仿宋仁宗（1022-1063）過繼藩王王子為太子之法。可惜此建議不獲接納，否則庶可免去世宗朝因繼統與繼祀問題而掀起的大禮議爭端。他的為官作風一如叔父范淵般耿直，先後劾奏武宗寵信的宦官黎安、劉琅及錦衣衛官簡文、王忠的

10　《乾隆桂陽縣志》（海口市：海南出版社，2001年，《故宮珍本叢書》），卷10，頁405下。
11　《乾隆桂陽縣志》（海口市：海南出版社，2001年，《故宮珍本叢書》），卷12，頁530下。
12　《乾隆桂陽縣志》（海口市：海南出版社，2001年，《故宮珍本叢書》），卷10，頁405。
13　《乾隆桂陽縣志》（海口市：海南出版社，2001年，《故宮珍本叢書》），卷12，頁525下-526上。
14　參〔清〕張廷玉編：《明史》（北京市：中華書局，1976年），卷188，頁4997-4998。
15　《乾隆桂陽縣志》（海口市：海南出版社，2001年，《故宮珍本叢書》），卷9，頁383下、385下；卷10，頁405下。

罪行。又論都督馬昂之妹馬姬已有身孕，不當入宮供武宗寵御。[16]他敢於犯顏直諫，其奏章皆以言語切直著稱。

范輅後來被派往江西清查軍籍。當時寧王朱宸濠命江西諸司朝服拜見，范輅卻反對這道藩王令旨，並向朝廷奏言：「高帝定制，王府屬僚稱官。後乃稱臣，其餘文武及京官出使者皆稱官。朝使相見以便服。今天下王府儀注，制未畫一。臣以為尊無二上，凡不稱臣者，皆不宜具朝服，以嚴大防。」武宗令禮部官員討論他的奏論，與此同時朱宸濠也急急上疏辯爭，結果廷議以輅言為是。范輅另也劾宸濠伶人秦榮僭侈。此外，他又參江西鎮守太監畢真貪虐十五事，因事涉武宗隱私，奏疏留中不下。畢真乃摭他事誣輅以作反擊，輅遂被逮下詔獄。值武宗巡幸，案件始終不置可否，害得范輅淹繫獄中經年。至正德十四年四月（1519年5月），始被讁放龍州宣撫司經歷。

幸好不久以後，朱宸濠及畢真因謀逆叛亂，而被輅友王守仁統兵擒殺，范輅終於含冤得雪，御史謝源、伍希儒等趁機交章推薦。就在范輅未及復召之際，武宗駕崩，至世宗登極時他即復任故官。繡衣坊即在此時建立，以申支持范輅的忠直官員及桂陽地方的一肚烏氣。後來，他升任福建僉事，再轉江西副使，並以此職致仕歸鄉。爾後，又因胡世寧推薦而東山復出，起任密雲兵備副使。因討伐礦賊有功，歷江西、福建左、右布政使。與其叔父范淵鞠躬盡瘁，死而後已的榜樣前後呼應，他最後也是卒於任內的。[17]

范輅在桂陽縣城之南興建「思誠堂」，為范氏族人燕息讀書之地。自明正德至清順治的百年之間，這所族學持續興旺，令范氏的科名事業長盛不衰。[18]在他的訓誨下確是一門俊傑，除姪兒范永鑾登進士外，其子永宇（字伯寧，號斗山）、永官（字叔修，號思齋）俱為舉人而分別任職臺州、九江

---

16 事件始末詳〈石天柱傳〉，《明史》（北京市：中華書局，1976年），卷188，頁5002-5004。

17 參《明史》（北京市：中華書局，1976年），卷188，頁4997-4998。

18 參顏鼎受：〈思誠堂記〉，載《乾隆桂陽縣志》（海口市：海南出版社，2001年，《故宮珍本叢書》），卷12，頁519下-520上。

及臨江府推官。[19]臺州百姓為表揚范永宇的政績，更建立了「去思祠」以作紀念。都御史王爌在〈范斗山去思祠記〉中詳述永宇深得家學之傳，任推官時「其理刑也，民無冤」，而「折獄尤其所長，臺（州）人之沐其休澤者，溥矣。」時值倭寇擾略，官民草木皆兵而濫捕無辜，幸得范永宇「虛心詳讞，無辜者釋，脅從者原」，在臺州救活良民無數。[20]此外，范輅的長子永寰為隆慶時貢選，而第四子永寀則獲薦辟任吉府典膳。[21]

從上述記述可見，在正德嘉靖年間，桂陽范氏不獨三代功名，而且各人的職位大都與法律有密切關係，計有刑部、監察御史以及府推官等職，其中范永宇即以善於折獄著稱。因著家學淵源與家人供職的需要，我們由此也可明白范永鑾關懷律學的原因了。

三　范永鑾的生平

范永鑾，字汝和，號蘇山，[22]弘治十七年（1504）為舉人，同鄉侍郎何孟春（1474-1536）特地在他赴考前賦詩〈和玉說：贈范永鑾、鄧皋二子赴試〉以作鼓勵。[23]他經常與既是同門又是同年的摯友鄧皋等人籌唱相和，寫作〈連珠巖記〉讚揚好友劉經為官能「刑簡化洽，有和平之漸」，並以「崇節儉，勵廉隅」互相期許。[24]在正德九年（1514）登進士後，范永鑾獲授江西貴溪知縣。[25]初仕縣官期間便大展拳腳，銳意改善貴溪的管治。在財政上

19　《乾隆桂陽縣志》（海口市：海南出版社，2001年，《故宮珍本叢書》），卷9，頁385下；386上；卷10，頁407上。

20　《乾隆桂陽縣志》（海口市：海南出版社，2001年，《故宮珍本叢書》），卷9，頁498。

21　《乾隆桂陽縣志》（海口市：海南出版社，2001年，《故宮珍本叢書》），卷9，頁387下。

22　其祖名范應廣，其父名范正通，後俱因永鑾而獲封贈。見《乾隆桂陽縣志》（海口市：海南出版社，2001年，《故宮珍本叢書》），卷9，頁398下。

23　《乾隆桂陽縣志》（海口市：海南出版社，2001年，《故宮珍本叢書》），卷12，頁523下。

24　《乾隆桂陽縣志》（海口市：海南出版社，2001年，《故宮珍本叢書》），卷12，頁493。

25　《乾隆桂陽縣志》（海口市：海南出版社，2001年，《故宮珍本叢書》），卷9，頁383下；385下。

注意核實地方稅收，清出官民糧一千四百石。在文教上崇儒抑佛，毀比鄰於
文廟的佛寺，以關地為文廟興建藏書用的尊經閣。在治安上加強地方武備，
修繕縣城城垣。對民間宗教亦多加管束，拆毀淫祠，禁止師巫邪術，改變地
方風俗。也注意水利工程，疏浚北鄉河，築南鄉坡，使居民得免水旱之憂，
原籍貴溪的大學士夏言（1482-1548）更作〈贈蘇山范明府開河三首〉詠頌
其事，當中有云：

> 決河千夫立兩涯，橫江巨石一時開。
> 只消此事可千載，誰為蘇山作記來。[26]

又減省額外之徵科，樽節夫馬攤派，以均勞逸。凡劉瑾、寧王朱宸濠所加的
雜徵、茶牙，皆予以裁抑。由於政績顯著，深得江西巡撫孫燧所器重。[27]

　　正德十四年（1519）擢為浙江道御史。此後敢於任事，積極建言。十六
年六月（1521年7月），他便上疏披露作為皇帝私產的皇莊對河北百姓的傷
害：「姦民乘隙將軍民屯種地土，誣捏荒閑及荒田各色，投獻立為皇莊，因
而蠶食侵占，靡有界限。舊租正額外，多方掊克，苛暴萬狀。畿內八郡，咸
被其害。」他請求朝廷清理莊田，「係民者歸民，係官者歸官，應輸租課，
有司代收交納。」[28]他對朝廷的禮樂亦有獨到的見解，上莆人李文利所著
《律呂元聲》。可惜書中的見解與古說不合，而不獲接納。[29]爾後，他奉敕巡

---

26 《乾隆桂陽縣志》（海口市：海南出版社，2001年，《故宮珍本叢書》），卷12，頁565下-
　　566上。

27 《乾隆桂陽縣志》（海口市：海南出版社，2001年，《故宮珍本叢書》），卷10，頁406
　　上。另見《汝城縣志》：（http://www.rc.gov.cn/zjrc/gjrw/200406/119.html）。有關范永鑾清
　　查田糧的工作細節，參其〈上江西孫巡撫書〉，載《乾隆桂陽縣志》（海口市：海南出版
　　社，2001年，《故宮珍本叢書》），卷12，頁522下-523上。

28 《明世宗實錄》（臺北市：中央研究院歷史語言研究所，1965年），卷3，頁137。正德十
　　六年六月乙未條。參林清源：〈明代中期京畿地區莊田的膨脹與清理〉，（http://218.17.
　　222.243/was40/print?record=542&channelid=21559&back=-1）。

29 《明史》（北京市：中華書局，1976年），卷61，頁1516。

察直隸長蘆鹽課，再改派甘肅勞軍。嘉靖二年（1523）升任四川巡按後，有激揚之風，又開瞿門路以便行旅。他自撰〈巡按四川瞿門開路歌〉表達他對這項工程的自豪：

> 瞿門有路天設奇，亂石盤錯何嶮巇，
> 深林惡少恣豪俠，輿馬不得成交馳。
> 萬夫開鑿有今日，造化功欠參人為，
> 坐看行旅相接踵，長驅不妨尤任重。
> 荊南劍北皆坦途，此功擬與金牛共。
> ⋯⋯
> 慇勤寄語全蜀人，三峽從今謝絕險。30

在此期間，他因公務繁忙而無暇拜謁位處威州的從祖范淵祠，只折衝地寫下〈祭君山從祖父〉，轉交成都儒學教諭王緯代為致祭。祭文中透露幼叔范輅業已夭亡，也道出他入川後百病交纏而屢請調任。31後來他如願以償，改任福建按察司副使，巡視海道。復奉敕提督福建學政，旋又改任陝西兵備副使，再轉江西等處承宣布政使司左參政。當他巡視江西時，看到破落的白鹿洞書院，便寫下了下面這首感嘆朱子學式微的詩篇：

> 六籍經焚業已微，百年吾道失依歸。
> 而今孟浪分多歧，猶向先生說是非。32

可見他對教育與儒學發展非常關注，或許也表達了他對出現王守仁這類大儒的冀盼。

---

30 《乾隆桂陽縣志》（海口市：海南出版社，2001年，《故宮珍本叢書》），卷12，頁567下-568上。

31 《乾隆桂陽縣志》（海口市：海南出版社，2001年，《故宮珍本叢書》），卷12，頁525下-526上。

32 范永鑾：〈白鹿洞〉，（http://acd.hnu.cn:82/was40/detail?record=1369&channelid=51255）。

　　然而，看似一帆風順的仕途原來是布滿暗湧的，范永鑾也難逃從祖與從叔的宿命，因讒言而停職居家數載。但在這期間他還是積極向上，將眼光集中於律法與律學，籌備刊印今見的《大明律范永鑾刻本》。或許真是「驥驍難淹櫪下」，此後他還是再度獲舉薦起補河南按察使，趁著擔任地方高級司法官員之便，他即在新任內出版早已籌備的律法刻本。是書卷一、二、四、十三、十八及二十九卷的卷首處均刻有「江西等處承宣布政使司左參政，今陞河南按察使范永鑾重刊」二句。[33]而「今陞河南按察使」數字，卻極有可能為後來補刻，此或反映刻本由刻印到正式出版，經歷了一個頗為曲折的過程。他最後以四川右布政使致仕。整體來說，他在所任的官職上都幹得有聲有色，是個成功的官僚。

　　早在督學福建期間，他已念及家鄉桂陽為窮鄉僻縣，書商罕至，以致邑人難以讀書問學而文教不興。歸家以後，他即購置《春秋》、《左傳》、《兩漢書》、《朱子大全》、《大事記》、《大學衍義》等二十餘種書籍捐贈縣學，以備士子觀覽討論。在〈與教諭翁繼榮書〉一文中，范永鑾在交帶將龍山先生（應指王華，字德輝，號實菴，1446-1522，王守仁父）所贈楊循吉（字君謙，號南峰，1458-1546）著作轉送縣學時，也自述將書籍贈送縣學之原因：「邑僻，書籍寡至。永鑾歷官一十六年，所得片紙隻字，不敢自私。前此曾有《大學衍義》諸書，已送學宮，與諸友備覽，少見區區一念之公。今復得此，又喜龍山雅重文墨，敢托藏之，以廣予心。幸照數收入，若護貯以垂永久，則南峰楊先生量有處矣。」[34]除發展家鄉文化外，他亦是修橋整路的善人，在嘉靖七年（1528）即於縣城南面十里修築宜南橋，以利桂陽交通。[35]

　　與其從祖和從叔不同，他得享天年，卒於故鄉。[36]邑人為歌頌其德，仿其叔范輅之例，為他另樹一個「繡衣坊」，兩叔姪同為出色的御史，前後輝

33 例子見《大明律范永鑾刻本》（臺南市：莊嚴文化出版社，1996年，《四庫全書存目叢書》），「史部・政書類」，冊276，卷1，頁486下。

34 《乾隆桂陽縣志》（海口市：海南出版社，2001年，《故宮珍本叢書》），卷12，頁523。

35 《乾隆桂陽縣志》（海口市：海南出版社，2001年，《故宮珍本叢書》），卷3，頁322上。

36 《乾隆桂陽縣志》（海口市：海南出版社，2001年，《故宮珍本叢書》），卷10，頁406上。

映。[37]范永鑾以次女許配友族鄧氏子文甕為妻。此女後為節婦,郴州通判王應祥有〈鄧節婦范氏傳〉詳記其事跡。[38]其弟永錫,嘉靖四年舉人,仕歷不詳。[39]

除了刻印具有嘉靖時代特色的《大明律范永鑾刻本》外,范永鑾亦是著作等身的學者,所著包括《燕射古禮全書》、《天心仁愛錄》、《名儒警語》、《孟浩然集何燕泉註》、《陶靖節集》及《楊石齋(廷和,字介夫,1459-1529,正德嘉靖間內閣首輔,在大禮議中站在明世宗的對立面)述懷雅歌》等書,其中有關於律學的則有《大學衍義律例解》,似為以律例之學發揮南宋真德秀(1178-1235)《大學衍義》的著作。[40]從其著作及交遊圈可見,范永鑾在大禮議中大概站在同情楊廷和一方,在學術上與王門心學中人頗為接近。

四 《大明律范永鑾刻本》對洪武祖制的回歸

明太祖朱元璋(1368-1398在位)頒布了《皇明祖訓》、《大明律》和三篇《大誥》等多部祖宗法典,命子孫要隻字不改地永世遵行。可是,律條有限而人事無窮,加上時移世易,這些祖法很多時候都未能回應現實的需要。即使於太祖在位期間,他最少七次修訂《大明律》,也多次重編規定真犯與雜犯死罪的條例,臨終前才定稿為《大明律誥》。不過,朱氏子孫雖未必全面遵守太祖的祖制,而且還因各自的特別需要頒布了多種新的條例,可是始終未敢公然取消明太祖的洪武定制。[41]

---

37 范永鑾的繡衣坊位於桂陽縣城南門內大街,見《乾隆桂陽縣志》(海口市:海南出版社,2001年,《故宮珍本叢書》),卷3,頁324上。

38 《乾隆桂陽縣志》(海口市:海南出版社,2001年,《故宮珍本叢書》),卷12,頁463下-464上。

39 《乾隆桂陽縣志》(海口市:海南出版社,2001年,《故宮珍本叢書》),卷9,頁385下。

40 《乾隆桂陽縣志》(海口市:海南出版社,2001年,《故宮珍本叢書》),卷10,頁406上。

41 有關《大明律誥》及《大誥》在洪武朝以後的法律效力,參譚家齊:〈明太祖《御製大誥》在洪武朝以後行用情況新探〉,《中國文化研究所學報》第47期(2007年),頁73-91。

　　此情況到明孝宗（1488-1505在位）時出現了轉變。孝宗不能接受歷朝條例並存的混亂狀態，決心全面編輯律例，將重複者合併，不合時宜者取消，編成一部與《大明律》並行的《弘治問刑條例》。在弘治十年（1497）時，更大膽頒行《真犯雜犯死罪條例》，[42]取代明太祖親頒的《大明律誥》。由於《問刑條例》和《真犯雜犯死罪條例》皆無收入任何《大誥》的內容，此舉實在是架空了明太祖《大誥》原有與律並行的效力，使《大明律誥》所列的《大誥》條目正式與司法程序無關。可以說，自弘治年間開始了一個揚棄祖制，重新就現實立法的律學新趨勢。

　　然而，縱使《大誥》等洪武祖制在弘治年間被閒置，在多部嘉靖時期刊刻的律法著作內，卻重新出見《大誥》及其他洪武法典的蹤跡。在《大明律范永鑾刻本》的卷首內，即附入各編《大誥》的序文，又特地列出罪人憑《大誥》可獲減等的「頒行《大誥》」條文，並引述明太祖在洪武二十八年重申「法司擬罪，許引《大誥》減等」的聲明。[43]此外，范氏刻本亦將多項《皇明祖訓》、《大明令》和《大誥》的條文，附載於適用的律文之下，例如《大誥》的「僧道不務祖風」，便被編列於〈禮律二〉的「僧道拜父母」條內。[44]書中的〈《大明律讀法》凡例〉即闡明：「凡國朝御製，如《大誥》等書，凡有關於刑名者，俱引載律條之後，互相發明，仍以本書名冠之。」[45]從此可見，范永鑾等嘉靖朝的律學家，有重申以《大誥》等祖制作法律解釋與司法審判權威引據的傾向。

　　除范永鑾刻本外，刊印於嘉靖三十三年（1554）的汪宗元輯《大明律

42　弘治十年《真犯雜犯死罪條例》，見《萬曆大明會典》（北京市：中華書局，1989年），卷174，頁885-889。

43　《大明律范永鑾刻本》（臺南市：莊嚴文化出版社，1996年，《四庫全書存目叢書》），卷首，頁473上-478上。

44　《大明律范永鑾刻本》（臺南市：莊嚴文化出版社，1996年，《四庫全書存目叢書》），卷12，頁598下-599上。

45　《大明律范永鑾刻本》（臺南市：莊嚴文化出版社，1996年，《四庫全書存目叢書》），卷首，頁485下。

例》，亦以雷同手法將《大誥》條文引在各條適用的律文之下。[46]綜合上述情況，嘉靖二十三年（1544）重刊的成化本《律條疏議》內，仍附有早就被束諸高閣的《大明律誥》，[47]是絕非偶然的，很可能即反映嘉靖時期律學家倡議恢復部分洪武祖制的潮流。《大誥》及《大明律誥》等祖制既在嘉靖時代重新刊布，在當時的律學研究甚至法司判案中被再次引用，便是毫不出奇了。江蘇揚州人胡介編著的擬判集《百一新判》，即附有一起用《大誥》「僧道不務祖風」條審理的擬判。[48]

在處理律例的態度上，《大明律范永鑾刻本》在〈凡例〉中即申明：「此書以《大明律》為主，而附以見行條例，俱錄全文，一字不刊其舊。本例或誤附者、重出者，俱改正。」表達是書基本上承接了弘治朝除舊立新的用例精神。不過，這部刻本的編纂者卻非硬性遵行揚棄舊例的原則。雖然明世宗下詔停用《正德新例》，但對於弘治十八年以前，以及十八年以後續例中「亦有可以遵行不悖者，今俱小書分註於各條之下，以備參酌」。而對新頒行的《嘉靖新例》，則「大書於《弘治條例》之後」，以表明優次。[49]這些安排表示編纂者對律例的運用與解釋，自有獨到的見解，並不盲從於朝廷的指令。

我們仍未能完全掌握《大明律范永鑾刻本》編纂者的身分。全書書眉上大都刻有「大明律」三字，唯獨卷首的〈條例〉、〈納贖圖〉及〈凡例〉等數頁有「大明律讀法」字樣。而在〈凡例〉中也言「《大明律讀法》引用諸書」及「《大明律讀法》凡例」，可見是書極有可能收納了《大明律讀法》的部分內容，或另有《大明律讀法》這書名。《明史‧藝文志》載有一部由孫存所著的《大明律讀法書》。可是，志中也載錄另一部范永鑾的《大明律

---

46 張偉仁主編：《中國法制史書目》（臺北市：中央研究院史語所，1976年），冊1，頁18。

47 張偉仁主編：《中國法制史書目》（臺北市：中央研究院史語所，1976年），冊1，頁15。黃彰健：〈《大明律誥》考〉，載氏著《明清史研究叢稿》（臺北市：臺灣商務印書館，1977年），頁157，頁201。

48 對此案例的詳細研究，參譚家齊：〈明太祖《御製大誥》在洪武朝以後行用情況新探〉，《中國文化研究所學報》第47期（2007年），頁73-91。

49 《大明律范永鑾刻本》（臺南市：莊嚴文化出版社，1996年，《四庫全書存目叢書》），卷首，頁485下-486上。

例》。[50]我們不能確定《大明律讀法書》是否即《大明律讀法》，也未能肯定《大明律例》是否就是《大明律范永鑾刻本》，但從《明史》分別載錄可見，此二書應為兩部不同的著作。近年有研究指出孫存任湖廣地區的知府時，曾與幾位下屬對《大明律》進行司法解釋和案例補充，其成果即是《大明律讀法》，於嘉靖十一年（1532）完成進獻世宗。而是書的幾位作者皆是有司法實踐經驗的官員，又是有一定學養的專家。然而，此書最初不為世宗所接納，被批評為妄於祖制上加上解釋及條例，因而初刻時遭毀板查處。[51]

范永鑾或就在是書編纂期間賦閒在家而參與其事，又或因是書為湖廣人士所編而部分轉引，甚至協助將全書在江西或河南重刊出版。在刻本的卷一、三、十七及二十一之末尾，俱有「通吏鄒正卿督工」字樣，此胥吏或是范永鑾的屬下。不過，無論范永鑾在編纂上的參與程度如何，《大明律范永鑾刻本》肯定反映了嘉靖時期湖廣律學家對法制的理解，而出身律學世家的范永鑾，也必然同意是書的律學觀點，甚至敢於違抗世宗的旨意，重申明初的祖制及堅持律例並排的律法表達。

五　小結

湘南范氏三代功名，道德與政績皆足為後世所效法，確為桂陽這個窮鄉僻縣增光不少。自范淵以來的多名范門俊傑，皆長期任職法司，對律學有深刻的認識，亦構成了范永鑾的家學淵源。因此，《大明律范永鑾刻本》的出現絕非偶然，而是范氏家族長期注意律學的必然結果。從刻本的編纂原則與大量引用洪武舊制，以及當時多部律學著作皆刻意引用或發揮《大誥》等洪武定制的情況可知，嘉靖時期的律學研究者，在弘治以來重新創制立法的風潮過後，有一種回歸國初祖制的呼聲，此或最終導致包括《大誥》在內的多部洪武法典重新受到重視，甚至恢復了部分效力的結果。如果我們能掌握湘

50　〈藝文志〉，《明史》（北京市：中華書局，1976年），卷97，頁2399。

51　參綦彥臣：《中國古代言論史》，第11章〈明代：隨意之惡〉，見新世紀網：（www.ncn.org/asp/zwginfo/da.asp?ID=67734&ad=1/30/2006 - 44k）。

南范氏的其他暫未見存的律學著作，例如范永鑾的《大學衍義律例解》等
書，定能更全面地瞭解明朝中葉的法制歷史。

第三章
貪盜並生：
張居正對治安問題的理解

一　引言

　　觀乎張居正（1525-1582，字叔大，號太岳、江陵，湖北荊州人，1547年進士）一生言行，他一直視嘉靖（1522-1566）、隆慶（1567-1572）時代地方的盜患，為明代主要的治安問題。在他位於權力巔峰的萬曆初年（1573-1582），張居正是如何處置有關問題的呢？所謂社會治安問題，不只包括沿海的倭寇和漢人的海盜，也包括在南方各省少數民族此起彼落的叛亂，以及京師一帶及各經濟中心區域於道路上攔途截劫的盜匪。治安問題不只打擊貿易的發展，更削弱中央對地方政令的推行，使明廷不能有效管治全國。除了加強捕盜的執法與對叛賊血腥鎮壓外，張居正認為要痛治問題的根源，必先處理官吏與盜賊互通聲氣的貪汙腐敗情況。[1]本章以《張居正集》為主要資

---

[1] 有關張居正反貪思想的系統研究，詳拙文（與蘇基朗合著）：〈首輔貪汙？──從反貪思想和法律角度論張居正的貪汙罪狀〉，《中國文化研究所學報》第43期（2003年），頁225-242。張江陵是否曾廣收賄賂，一如明神宗（1572-1620在位）於其身後所指控的一樣，乃史學界長期爭論所在。拙文以張居正的《文集》及《明神宗實錄》（臺北市：中央研究院歷史語言研究所，1962年）資料，考證江陵自身大抵應能做到拒收賄賂的廉潔要求，因為朝廷於其在京宅弟搜出金銀財物約如其俸祿與神宗所賜數量；惟其家人則未受嚴格管束，故於其湖廣江陵老家被抄出較大額的財富。不過有關財富總數約黃金萬兩、白銀十萬餘兩，遠少於神宗及抄家官員期待的鉅額（有關論點為王春瑜於〈駁《關於〈張居正〉再答論辯學人》〉，《學術界》總第109期〔2005年1月〕，頁139-141所認同）。此後，陳時龍以備受忽略的丘橓《望京樓遺稿》為主要史料，詳述明廷查抄張居正江陵老家的細節；以負責查抄者的文集，確定這位萬曆首輔的家族在湖廣的財產也不是很多，故此任由明神宗瓜蔓株連，亦無由陷張居正於貪汙的確證之中，由此更見其

冤。見陳時龍:〈萬曆張府抄家事述微:以丘橓《望京樓遺稿》為主要史料〉,《中國文化研究所學報》第53期(2011年),頁109-136。可是,由於《明神宗實錄》的記載較為細碎,無論拙文及陳文皆有誤讀。為還江陵在京、在湖廣財富的實況,現藉此機會仔細澄清各階段抄家時所得財物,詳見下表:

時間	事件	資料出處	附注
萬曆12年5月庚辰	〔第一運——在京財產〕刑部主事韓濟估計故相張居正在京房產等物,解進銀一萬六百兩有奇,繳進御筆匾額四面,勅諭兩面。	《明神宗實錄》卷149,頁2771。	按:據此條記述,即知張居正在京不會有十多萬兩銀等財物。
萬曆12年6月戊午	司禮監太監張誠奏:抄沒故相張居正住宅、墳地、財物及誥命牌坊等,並分路解進。得旨「如擬」。居正太師等官已削,原給誥命及特降諭札都追繳,石獸等物並應拆牌坊,變價解京。張居謙等既無罪犯,免抄沒。隱匿收寄者,勘實追併。其侵占府第王墳等罪,及干礙人員,候勘明遼府事日,併擬奏奪。	《明神宗實錄》卷150,頁2785-2786。	張誠要將張居正財物分路「解京」,即有關財物並非在京而在江陵的「原宅」內。
萬曆12年7月己酉	〔第二運——湖廣財產〕戶部奏:藉沒張居正金銀寶玩,共一百十槓,命內庫查收。	《明神宗實錄》卷151,頁2802。	按:在京之首運後,至此運乃需二個月才戶部,可見有關財物非抄自京邸,而自江陵老家。
萬曆12年7月乙未	〔第三運——湖廣財產〕戶部奏:抄進張居正金物第三運一百一十槓,命該庫查收。	《明神宗實錄》卷151,頁2805。	《明實錄》此處明言此運實為第三運。據此即知前此應有兩運,共是三運。不過,在張江陵老家運京的只有兩運,而第一運則

			應為前述在京財物。從湖廣運京財物共220槓，以壯漢可舉約六七十斤（約一千兩）來計算，二百多槓大抵不多於二十萬兩，與在湖北抄家金物總量相符。又，前揭拙文曾強解「第三」之「三」為「驂」（頁240），而不察前此乃有兩運，特此改正。
萬曆12年9月庚子	召回張誠等抄沒張居正江陵老家官員，追贓完畢。	《明神宗實錄》卷153，頁2840。	此前明廷在江陵的追贓細節，見前揭陳時龍：〈萬曆張府抄家事述微〉，頁133-135。
萬曆12年4月乙卯	〔遼莊王次妃奏張居正陷害遼府，及侵吞王府土地〕已而，刑部查居正在京莊房，值價一萬六百七十兩。原住宅〔即江陵老家〕內金二千四百餘兩，銀十萬七千七百餘兩，金器三千七百一十餘兩，金首飾九百餘兩，銀器五千二百餘兩，銀首飾一萬餘兩，玉帶一十六條，蟒衣、紬段、紗羅、珍珠、瑪瑙、寶石、玳瑁尚未的據。	《明神宗實錄》卷148，頁2757。	《明實錄》並非實時報導，從「已而」用字可知，此條繫時較早的資料，實為事後對抄張居正家所得財產的總結報告。或有以為此段所記為張府「在京」財富的數量，其說非是。
萬曆12年11月戊寅	〔第四運──瓜蔓受寄財產〕司禮監張誠疏：抄沒張嗣修等銀十二萬，共裝一百槓押解，真定府柏鄉縣內被盜一槓。下該縣印、捕官於御史提問。	《明神宗實錄》卷155，頁2859。	按：此批財物應是丘橓等追張府「受寄贓物」所得。如非，至此即有關「贓物」再不算在

料,從江陵自撰的文章中分析張居正主政前後,對不同類型的地方治安問題之看法與措置,在此基礎上再思江陵改善晚明地方治安的努力。

二　倭寇與海盜

在嘉靖三十四年(1555)張居正年方三十之時,便致書當時領兵討伐倭寇的湖廣按察副使孫宏軾出謀禦敵,可見他很早時已關注倭寇問題。[2]他也曾感嘆因倭人過於驕悍狡詐,而且勞師遠征又有元人戰敗的前車可鑑,故此難以征伐日本以根絕倭患。[3]可是,嘉隆以後倭寇禍事已大為減輕,故萬曆二年(1574)張居正收到倭寇入侵廣西一帶的警報時,便懷疑有關倭患「似非其時,且越惠、潮而犯嶺西,亦非其地」。他反以為這次應是「別賊假托之也」。[4]不過,在萬曆三年浙江忽有倭警,江陵給浙江巡撫謝鵬舉的〈答浙撫謝松屏言防倭〉,便云「浙無倭患久矣,一旦聯舟突犯,必有勾引之奸。且地方安恬日久,驟尋干戈,恐無以待寇。幸激以忠義,鼓以獎罰,悉力一創之,庶將來不敢再窺。亟剿此寇,然後徐究其禍本而除之可也。」[5]倭患原來

			張居正名下,而以其子張嗣修等負上罪責。
萬曆12年11月丙戌	〔第五運——瓜蔓受寄財產〕湖廣巡撫李江解進抄沒故相張居正金銀、古銅、磁漆等物,詔內庫交收。	《明神宗實錄》卷155,頁2861。	按:此批財物亦應是丘橒等追張府「受寄贓物」所得。

2　〔明〕張居正:〈答中丞孫槐溪〉,載張舜徽、吳量愷主編:《張居正集》(長沙市:荊楚書社及武漢市:湖北人民出版社,1987-1994年),冊2,頁1268-69。

3　〔明〕張居正:〈雜著第二十三〉,載張舜徽、吳量愷主編:《張居正集》(長沙市:荊楚書社及武漢市:湖北人民出版社,1987-1994年),冊3,頁674-675。

4　〔明〕張居正:〈答殷石汀〉,載張舜徽、吳量愷主編:《張居正集》(長沙市:荊楚書社及武漢市:湖北人民出版社,1987-1994年),冊2,頁507。

5　〔明〕張居正:〈答浙撫謝松屏言防倭〉,載張舜徽、吳量愷主編:《張居正集》(長沙市:荊楚書社及武漢市:湖北人民出版社,1987-1994年),冊2,頁531。

並未根除，於是他在同年給應天撫院的〈答應天撫院宋陽山言防倭〉，對「近年海寇息警，人心頗懈」，引以為憂。而身任內閣重臣的他對於宋陽山能在海上驅倭，「不俟登岸而遏之於外洋」十分表揚，以為倭寇前鋒已折，便不敢再窺吳地了。[6]爾後在萬曆八年時，又有出沒於澎湖的海盜疑是倭寇，[7]可是從江陵的文書可見，有關問題似乎不再如嘉靖時期令明廷束手無策了。

　　嘉靖晚期全國吏治敗壞，賄賂公行、盜賊橫行。遠離首都的嶺南及閩海一帶，更在倭患剛剛撲熄時，又得要面臨海寇山賊交相構禍的治安難題。張居正在萬曆元年回顧這段時間，表示「數年之前，論者謂朝廷已無廣東矣」，[8]可見當時嶺南治安形勢多麼嚴峻。因此張居正當國後的重要任務，便是將此一邊遠地區的治安納入正軌。[9]

　　晚明閩粵海盜問題的濫觴，乃潮州人林朝曦、張璉等率海舟劫掠東南沿海州縣。繼起的吳平亦聲勢浩大，肆虐海洋；雖於嘉靖末為官軍所敗亡走安南，然其黨羽曾一本、林鳳及林道乾等繼續活躍於東南沿海，時順時叛，橫行海上。而在《張居正集》之中，便見張居正與粵閩官員長期關注這批海盜的撫剿細節。[10]隆慶二年（1568），因明軍進剿短暫歸附但迅即叛變的曾一本

6　〔明〕張居正：〈答應天撫院宋陽山言防倭〉，載張舜徽、吳量愷主編：《張居正集》（長沙市：荊楚書社及武漢市：湖北人民出版社，1987-1994年），冊2，頁532。

7　〔明〕張居正：〈答福建巡撫耿楚侗言致理安民〉，載張舜徽、吳量愷主編：《張居正集》（長沙市：荊楚書社及武漢市：湖北人民出版社，1987-1994年），冊2，頁912-13。

8　〔明〕張居正：〈與殷石汀論吏治〉，載張舜徽、吳量愷主編：《張居正集》（長沙市：荊楚書社及湖北人民出版社，1987-1994年），冊2，頁421。又見〈答兩廣劉凝齋言賊情軍情事〉，載張舜徽、吳量愷主編：《張居正集》（長沙市：荊楚書社及武漢市：湖北人民出版社，1987-1994年），冊2，頁835-836。

9　以《張居正集》為本討論閩粵海寇問題的開創性研究，為陳學霖的〈張居正《文集》之閩廣海寇史料分析〉，載氏著《明代人物與史料》（香港：香港中文大學出版社，2001年），頁321-361。此外，韋慶遠亦曾借用《張居正集》史料，扼要討論張居正在剿滅海寇與相關倭寇的工作，見韋慶遠：《張居正和明代中後期政局》（廣州市：廣東高等教育出版社，1999年），頁662-668。惟前揭二文關注的重點，在海寇的興滅與朝廷進剿史事的細節，罕有注意張居正強調官吏貪汙與海寇禍害之推波助瀾關係。

10　見陳學霖：〈張居正《文集》之閩廣海寇史料分析〉，載氏著《明代人物與史料》（香港：香港中文大學出版社，2001年）載氏著《明代人物與史料》（香港：香港中文大學出版社，2001年），頁322。

時慘被擊潰，讓張居正感慨廣東的海軍原來艦隻不少，只是將士士氣低落，「乃見賊不一交鋒，輒望風奔北」。他以為這是因為「將不得人，軍令不振，雖有兵食，成功亦難。」[11]後來又有裨將周雲翔叛附於曾一本的「惠州之變」。[12]在此逆境中，廣東的將領仍舊假功謬賞，致使朝廷不明廣中實況，使海盜問題由廣東蔓延至福建，[13]而且他們似乎還聯繫上日本的倭寇。[14]幸好在江西援軍的協助下，廣東總兵郭成得以敗曾一本於惠州平山。[15]張居正除了在供給上確保粵師無後顧之憂外，[16]亦協調福建及浙江等地預防海賊入海北擾，[17]甚至讓他們以舟師協助廣東水師滅盜。[18]在閩粵水師合擊下，曾一本終於在隆慶三年八月就擒。[19]張居正便在〈答兩廣總督熊近湖論廣寇〉

---

11 〔明〕張居正：〈答兩廣督撫張元洲〉，載張舜徽、吳量愷主編：《張居正集》（長沙市：荊楚書社及武漢市：湖北人民出版社，1987-1994年），冊2，頁14。

12 〔明〕張居正：〈答廣西巡撫〉，載張舜徽、吳量愷主編：《張居正集》（長沙市：荊楚書社及武漢市：湖北人民出版社，1987-1994年），冊2，頁42；〈與兩廣熊督撫〉，載張舜徽、吳量愷主編：《張居正集》（長沙市：荊楚書社及湖北人民出版社，1987-1994年），冊2，頁45。

13 〔明〕張居正：〈答閩中巡撫〉，載張舜徽、吳量愷主編：《張居正集》（長沙市：荊楚書社及武漢市：湖北人民出版社，1987-1994年），冊2，頁36。

14 〔明〕張居正：〈答閩撫塗任齋〉，載張舜徽、吳量愷主編：《張居正集》（長沙市：荊楚書社及武漢市：湖北人民出版社，1987-1994年），冊2，頁91。

15 〔明〕張居正：〈答兩廣督撫〉，載張舜徽、吳量愷主編：《張居正集》（長沙市：荊楚書社及武漢市：湖北人民出版社，1987-1994年），冊2，頁68。張居正在〈答廣中巡撫〉，載張舜徽、吳量愷主編：《張居正集》（長沙市：荊楚書社及武漢市：湖北人民出版社，1987-1994年），冊2，頁91，表示廣東借用江西兵將後定要歸還，不得留為己用。

16 〔明〕張居正：〈答兩廣總督劉帶川〉，載張舜徽、吳量愷主編：《張居正集》（長沙市：荊楚書社及武漢市：湖北人民出版社，1987-1994年），冊2，頁73。

17 〔明〕張居正：〈答浙撫穀近滄〉，載張舜徽、吳量愷主編：《張居正集》（長沙市：荊楚書社及湖北人民出版社，1987-1994年），冊2，頁74。

18 〔明〕張居正：〈答福建塗巡撫〉，載張舜徽、吳量愷主編：《張居正集》（長沙市：荊楚書社及武漢市：湖北人民出版社，1987-1994年），冊2，頁80。

19 在〔明〕張居正：〈答閩撫塗巡撫〉，載張舜徽、吳量愷主編：《張居正集》（長沙市：荊楚書社及武漢市：湖北人民出版社，1987-1994年），冊2，頁107中，張居正指出剿平廣寇以閩師功勞最大。有關剿滅曾一本的詳情，見陳學霖：〈張居正《文集》之閩廣海寇史料分析〉，載氏著《明代人物與史料》（香港：香港中文大學出版社，2001年）載氏著《明代人物與史料》（香港：香港中文大學出版社，2001年），頁323-330。

中，指出善後處置才是處理粵東治安問題的重點所在。他以為「海防久廢，
法紀未張；吏不恤民，驅而為盜：此皆釀禍之根，未可遂謂寧帖也。」粵東
海寇此起彼落，「張璉擒而吳平繼之，吳平殲而曾一本繼之。往事失策，可
為炯鑒」。對於已招安的海賊，更要小心提防，「如懷疑貳，即可名之為賊，
因而除之。」最重要的仍是嚴加整飭海防事宜。[20]

　　不過海盜問題實在不易根治。果然在曾一本之後，嶺南一帶的海上又被
海盜林鳳騷擾。萬曆元年時兩廣總督殷正茂（1513-1592，字養實，號石
汀，與張居正1547年同榜進士）原樂觀地以為「林賊勢孤，遠遁求活，計當
不日可擒。」[21]張居正等人甚至以為只要閩粵再次聯手，即可使林鳳束手就
擒：「林賊既失巢穴，飄泊海上，必不能久，宜與閩中約會圖之。閩撫劉君有
智計，勇於任事，必能助公擒此賊也。」[22]至萬曆二年，閩臺劉堯誨（字君
納，號凝齋，1553年進士）的情報顯示，林鳳雖欲遁出海，但「為西南風阻
泊廣」。此股海盜一旦出海便難以討伐，張居正指望兩廣總督殷正茂能與閩
師合作，在此千載難逢的時機中及時在廣東擒獲林鳳。[23]不過，此計後來因
閩粵爭功不能協濟，粵人欲留鳳賊於粵中，閩人則借故撤圍以引其入閩，[24]

---

20 〔明〕張居正：〈答兩廣總督熊近湖論廣寇〉，載張舜徽、吳量愷主編：《張居正集》（長
　　沙市：荊楚書社及武漢市：湖北人民出版社，1987-1994年），冊2，頁98。

21 〔明〕張居正：〈答兩廣殷石汀〉，載張舜徽、吳量愷主編：《張居正集》（長沙市：荊楚
　　書社及武漢市：湖北人民出版社，1987-1994年），冊2，頁401。

22 〔明〕張居正：〈答殷石汀計剿海寇〉，載張舜徽、吳量愷主編：《張居正集》（長沙市：
　　荊楚書社及武漢市：湖北人民出版社，1987-1994年），冊2，頁412。

23 〔明〕張居正：〈答兩廣殷石汀〉，載張舜徽、吳量愷主編：《張居正集》（長沙市：荊楚
　　書社及武漢市：湖北人民出版社，1987-1994年），冊2，頁467。

24 〔明〕張居正：〈答殷石汀〉，載張舜徽、吳量愷主編：《張居正集》（長沙市：荊楚書社
　　及湖北人民出版社，1987-1994年），冊2，頁473；〔明〕張居正：〈答殷石汀言終功名答
　　知遇〉，載張舜徽、吳量愷主編：《張居正集》（長沙市：荊楚書社及湖北人民出版社，
　　1987-1994年），冊2，頁475-76；〔明〕張居正：〈答兩廣殷石汀〉，載張舜徽、吳量愷主
　　編：《張居正集》（長沙市：荊楚書社及武漢市：湖北人民出版社，1987-1994年），冊
　　2，頁487；〔明〕張居正：〈答兩廣殷石汀計招海寇〉，載張舜徽、吳量愷主編：《張居正
　　集》（長沙市：荊楚書社及武漢市：湖北人民出版社，1987-1994年），冊2，頁502。另
　　參〔明〕張居正：〈答兩廣督撫計剿海賊〉，載張舜徽、吳量愷主編：《張居正集》（長沙
　　市：荊楚書社及武漢市：湖北人民出版社，1987-1994年），冊2，頁591。

使林鳳竄入福建。[25]可是在賊眾被攻潰時，[26]林鳳竟不在其中，而且有他死於呂宋番人圍困的傳聞。[27]張居正對傳聞則有所懷疑，因為後來一股林鳳部眾突然闖回廣東，最後更在閩廣兩地爭功之下不了了之。[28]

　　此後，海盜林道乾取而代之。他在縱橫海上一段時間後，突然在萬曆六年（1578）返回廣東，當地卻因「無素備，其文武將吏又皆庸驚，竟令縱洋而去，殊可恨也！」[29]為了防備林道乾隨時再來襲擊，張居正便在當年稍後時間，向轉陞兩廣總督的劉堯誨條陳治海盜的四大措施：一、廣東海防甚疏，船隻不足又無常備水師，應亡羊補牢。二、林道乾逃逸之主因，在閩粵爭功，而兩者日後必須多加協調，而且以閩人主導。三、在南澳島設將防守，「然論事勢，守堂奧者必於門外，據險扼要，乃為得策。此地實為地中要害，昨林道乾一來，徑泊海岸，使此地兵將有備，渠敢越乎？」四、改善吏治，以廉吏治民：「廣中積年多盜，非民之好亂，本於吏治不清，貪官為害耳。夫官貪，則良民不懷，奸民不畏；而盜賊利足以啗之，威足以懾之，何憚不為盜！」張居正以為官吏貪汙，才是廣閩海寇山賊湧現之真正原因。「今朝廷法紀稍振，貪風稍戢，盜亦漸少，然習未盡變也。最可患者，與閩

25　〔明〕張居正：〈答閩撫劉凝齋〉，載張舜徽、吳量愷主編：《張居正集》（長沙市：荊楚書社及武漢市：湖北人民出版社，1987-1994年），冊2，頁542。

26　參〔明〕張居正：〈答閩撫劉凝齋〉，載張舜徽、吳量愷主編：《張居正集》（長沙市：荊楚書社及武漢市：湖北人民出版社，1987-1994年），冊2，頁639。

27　〔明〕張居正：〈答閩撫劉凝齋〉，載張舜徽、吳量愷主編：《張居正集》（長沙市：荊楚書社及武漢市：湖北人民出版社，1987-1994年），冊2，頁561；〔明〕張居正：〈答閩撫劉凝齋〉，載張舜徽、吳量愷主編：《張居正集》（長沙市：荊楚書社及湖北人民出版社，1987-1994年），冊2，頁578。

28　〔明〕張居正：〈答兩廣督撫淩洋山〉，載張舜徽、吳量愷主編：《張居正集》（長沙市：荊楚書社及武漢市：湖北人民出版社，1987-1994年），冊2，頁562；〔明〕張居正：〈答兩廣淩洋山〉，載張舜徽、吳量愷主編：《張居正集》（長沙市：荊楚書社及湖北人民出版社，1987-1994年），冊2，頁568。有關林鳳在菲律賓及後來事蹟之探討，見陳學霖：〈張居正《文集》之閩廣海寇史料分析〉，載氏著《明代人物與史料》（香港：香港中文大學出版社，2001年）頁330-344。

29　〔明〕張居正：〈答兩廣劉凝齋〉，載張舜徽、吳量愷主編：《張居正集》（長沙市：荊楚書社及武漢市：湖北人民出版社，1987-1994年），冊2，頁772。

接壤，彼中人廉潔者少，又黨與眾盛，朋比為姦，法令難行，不得不借惠文冠彈治。」[30]貪與盜既並生，要滅盜便需肅貪倡廉了。

翌年（1579）張居正再就廣東海防問題，在向劉堯誨提出除了造船練兵為急務之外，再度強調改革廣東的「根本切要，在精察吏治，使百姓平日有樂生之心，則臨變而作其敵愾之氣，惟高明圖之。」[31]同年江陵又以為要改善廣東的貪風，他本人與兩廣總督要先廉潔律己作榜樣：「監司撫按取受不嚴，交際太多，費用太泛，皆嘉、隆以來積習之弊。各省大抵皆然，而廣中為甚。自不穀戴罪政府以至于今，所卻兩廣諸公之餽，寧止萬金？若只照常領納，亦可作富家翁矣。若此類者，不取之民而孰辦耶？夫以肉驅蠅，蠅愈至。何者？以致之之道驅之也。司道之取與不嚴，欲有司之從令不可得矣。督府之取與不嚴，欲司道之從令不可得矣。」[32]

及後林道乾逃到柬埔寨及暹羅等中南半島國度，與當地政權幾番周旋後更有逃到日本之計畫。張居正與閩粵督撫對此股海盜仍十分關心，並設想了分兵討剿與聯合外國進擊的多種處置攻略。[33]

30　〔明〕張居正：〈答兩廣劉凝齋條經略海寇四事〉，載張舜徽、吳量愷主編：《張居正集》（長沙市：荊楚書社及湖北人民出版社，1987-1994年），冊2，頁790-91。

31　〔明〕張居正：〈答兩廣劉凝齋〉，載張舜徽、吳量愷主編：《張居正集》（長沙市：荊楚書社及武漢市：湖北人民出版社，1987-1994年），冊2，頁828。陳學霖亦因張居正接連曉諭劉凝齋要整頓廣東吏治，認為江陵對有關問題「顯然甚關注」，見陳學霖：〈張居正《文集》之閩廣海寇史料分析〉，載氏著《明代人物與史料》（香港：香港中文大學出版社，2001年），頁349。

32　〔明〕張居正：〈答兩廣劉凝齋論嚴取與〉，載張舜徽、吳量愷主編：《張居正集》（長沙市：荊楚書社及武漢市：湖北人民出版社，1987-1994年），冊2，頁868-69。

33　〔明〕張居正：〈答福建巡撫耿楚侗〉，載張舜徽、吳量愷主編：《張居正集》（長沙市：荊楚書社及武漢市：湖北人民出版社，1987-1994年），冊2，頁854；〔明〕張居正：〈答兩廣劉凝齋〉，載張舜徽、吳量愷主編：《張居正集》（長沙市：荊楚書社及武漢市：湖北人民出版社，1987-1994年），冊2，頁864；〔明〕張居正：〈答兩廣劉凝齋計處海賊〉，載張舜徽、吳量愷主編：《張居正集》（長沙市：荊楚書社及武漢市：湖北人民出版社，1987-1994年），冊2，頁873；〔明〕張居正：〈答福建巡撫耿楚侗〉，載張舜徽、吳量愷主編：《張居正集》（長沙市：荊楚書社及武漢市：湖北人民出版社，1987-1994年），冊2，頁876；〔明〕張居正：〈答兩廣劉凝齋〉，載張舜徽、吳量愷主編：《張居正

三　兩廣的山賊——少數民族叛亂

　　在嘉靖末年到隆慶年間，閩粵交壤的粵東地區除有海寇禍患外，亦有少
數民族及漢人叛亂的「山賊」。隆慶四年（1570）張居正指示廣東巡撫熊汝達
（1544年進士）進剿的策略：「比聞山海餘孽，尚爾縱橫，知公籌劃為勞。
乃其用兵次第，則宜以海寇為先」。若不趁快攻滅海寇，「山賊得乘吾之懈」
而興。[34]一旦海寇大抵勘平之後，張居正隨即把目光移向粵東的山賊了。

　　不過，江陵也明白山中之民是不會無故叛逆的。他們起事是回應廣東的
官吏惡劣操守。在隆慶四年的〈答兩廣李蟠峰〉，張居正即感嘆：

> 大抵論廣中諸吏，宜以操守為先。廉且能，上也；即不能兼，且先取
> 廉者。蓋數年以來，廣盜之起，始皆貪吏利其賄以致滋蔓。故唐人有
> 送南海尉詩云：「此鄉多寶玉，慎勿厭清貧」。蓋自古為難也。

貪汙對山賊的作用在「縱盜」上：只要向貪吏行賄，便可以逍遙法外，就算
不慎被捕也可輕易逃脫，那麼誰人不敢為盜？[35]

集》（長沙市：荊楚書社及武漢市：湖北人民出版社，1987-1994年），冊2，頁886；
〔明〕張居正：〈答兩廣劉凝齋料擒海賊〉，載張舜徽、吳量愷主編：《張居正集》（長沙
市：荊楚書社及武漢市：湖北人民出版社，1987-1994年），冊2，頁908；〔明〕張居
正：〈答兩廣劉凝齋〉，載張舜徽、吳量愷主編：《張居正集》（長沙市：荊楚書社及湖北
人民出版社，1987-1994年），冊2，頁917；〔明〕張居正：〈答兩廣劉凝齋〉，載張舜
徽、吳量愷主編：《張居正集》（長沙市：荊楚書社及武漢市：湖北人民出版社，1987-
1994年），冊2，頁944；〔明〕張居正：〈答兩廣劉凝齋〉，載張舜徽、吳量愷主編：《張
居正集》（長沙市：荊楚書社及武漢市：湖北人民出版社，1987-1994年），冊2，頁
970；〔明〕張居正：〈答兩廣劉凝齋〉，載張舜徽、吳量愷主編：《張居正集》（長沙市：
荊楚書社及武漢市：湖北人民出版社，1987-1994年），冊2，頁992。有關林道乾在中南
半島上的事蹟及其生平問題，見陳學霖：〈張居正《文集》之閩廣海寇史料分析〉，載氏
著《明代人物與史料》（香港：中文大學出版社，2001年），頁344-354。

34　〔明〕張居正：〈答閩撫熊北潭〉，載張舜徽、吳量愷主編：《張居正集》（長沙市：荊楚
書社及武漢市：湖北人民出版社，1987-1994年），冊2，頁130。

35　〔明〕張居正：〈答兩廣李蟠峰〉，載張舜徽、吳量愷主編：《張居正集》（長沙市：荊楚

　　雖然奸吏對民變的責任不輕，可是張居正對廣東的山海賊寇仍是絕不姑息的。隆慶六年春，他得悉倭寇與「粵中諸盜」協同攻陷廣東神電衛的警報後，便在〈答兩廣殷石汀計剿廣寇〉一文中，申述他要以重典鎮壓廣東的主張：「治亂國，用重典。廣固亂國也，其勢非以兵威以震蕩之，奸宄不畏，良民無依。」[36]此後他對粵東的海寇和少數民族叛亂，多採拒絕招撫的血腥鎮壓手段，亦是本於這種對當地亂民的絕望心理。[37]

　　此外，張居正以為對抗山賊，最佳辦法是讓投降的山賊攻打其他的賊，「以賊攻賊，策之最妙者」。[38]此外，是不應屯駐重兵於深山以逸待勞，而應主動出擊。在隆慶六年指示廣西巡撫郭華溪鎮壓廣西府江等處瑤民叛亂時，江陵便授意：「屯數萬之眾，役不宜淹久，貴在臨機速斷，沉謀遄發，先併力攻破其一寨，則餘賊自然破膽，次第可平。」[39]他也向兩廣總督殷正茂解釋著郭華溪猛力鎮壓瑤民的必要性：因為鄰近的「古田反側之人，將視此為嚮背，幸留神速處之。」[40]在萬曆元年此處的叛亂大抵勘平之時，張居正即言：「府江盪平，懷遠計當不日就戮，可迴九重南顧之憂矣。欣慰欣慰！」[41]顯示他對鎮壓的決心與對其效果的信心。在懷遠奏捷後，江陵是主張對叛民

　　書社及武漢市：湖北人民出版社，1987-1994年），冊2，頁160。

36　〔明〕張居正：〈答兩廣殷石汀計剿廣寇〉，載張舜徽、吳量愷主編：《張居正集》（長沙市：荊楚書社及武漢市：湖北人民出版社，1987-1994年），冊2，頁253。

37　有關張居正對兩廣及南方其他省分少數民族的血腥鎮壓政策的詳情，見韋慶遠：《張居正和明代中後期政局》（廣州市：廣東高等教育出版社，1999年），頁668-673。

38　〔明〕張居正：〈答兩廣殷石汀〉，載張舜徽、吳量愷主編：《張居正集》（長沙市：荊楚書社及武漢市：湖北人民出版社，1987-1994年），冊2，頁269。

39　〔明〕張居正：〈答兩廣郭華溪計劃廣寇〉，載張舜徽、吳量愷主編：《張居正集》（長沙市：荊楚書社及武漢市：湖北人民出版社，1987-1994年），冊2，頁290。

40　〔明〕張居正：〈答兩廣殷石汀〉，載張舜徽、吳量愷主編：《張居正集》（長沙市：荊楚書社及武漢市：湖北人民出版社，1987-1994年），冊2，頁330。又見〔明〕張居正：〈與廣東督撫〉，載張舜徽、吳量愷主編：《張居正集》（長沙市：荊楚書社及武漢市：湖北人民出版社，1987-1994年），冊2，頁423。

41　〔明〕張居正：〈與廣東按院唐公〉，載張舜徽、吳量愷主編：《張居正集》（長沙市：荊楚書社及武漢市：湖北人民出版社，1987-1994年），冊2，頁360。

趕盡殺絕的:「兵已深入,須盡殲之,毋使易種於斯土,又煩再舉也。」[42]可是,對於願意投降的新附之眾,他卻不主張持法太急,如論懷遠起叛之因時,他便認為「非縣令苛急,賊亦未必遽叛。事之未形,一夫制之有餘;禍端已構,數萬人取之不克。」[43]

張居正對整個嶺南的亂事態度如一,就是同用殺雞儆猴之法。另一邊廂他對廣東惠州的藍一清、賴元爵叛亂,亦同樣命殷正茂採取血腥鎮壓的手段:「惠賊斬馘至數萬,諸賊當已破膽,可次第就戮矣。大功克就,嶺表輯寧。」[44]後來,在談論討伐潮汕諸良寶叛賊的策略時,江陵甚至認為對部分冥頑不靈的山賊必須斬草除根,因為「一撮許殘賊不能克,則諸山海逃伏之盜,必將乘勢再起,將來廣事,不可便謂無虞。」他進而解釋對嶺南寇盜姑息的壞處:「大抵南賊譬之蔓草,划盡還生。從古以來經略南方者,皆未能以一舉而收盪平之功,其勢然也。」因此對他們絕對不可手軟,「今當申嚴將令,調益生兵,大事芟除,見賊即殺,勿復問其向背。諸文武將吏有不用命者,宜照勅書,悉以軍法向背從事,斬首以徇。了此,則諸不逞之人,皆破膽而不敢旁睨矣。」[45]在撫與剿的協調上,他仍是以殲滅賊人為優次:「兵機在呼吸之間,便有變態,安可預度?然大率盜賊奸宄,惟當攝吾之威,罕能懷吾之德。如有機可乘,一鼓而殲之,雖被虜坐鎮之人,亦不足惜也。」招撫則要秘密進行,「撫賊聲不可遠傳,宜以密用。前喻嶺賊如蔓草,難以

42 〔明〕張居正:〈答廣西撫院郭華溪〉,載張舜徽、吳量愷主編:《張居正集》(長沙市:荊楚書社及武漢市:湖北人民出版社,1987-1994年),冊2,頁451。又見〔明〕張居正:〈答廣西巡撫郭華溪〉,載張舜徽、吳量愷主編:《張居正集》(長沙市:荊楚書社及武漢市:湖北人民出版社,1987-1994年),冊2,頁462。

43 〔明〕張居正:〈答巡撫郭華溪〉,載張舜徽、吳量愷主編:《張居正集》(長沙市:荊楚書社及武漢市:湖北人民出版社,1987-1994年),冊2,頁377。

44 〔明〕張居正:〈答兩廣總督殷石汀〉,載張舜徽、吳量愷主編:《張居正集》(長沙市:荊楚書社及武漢市:湖北人民出版社,1987-1994年),冊2,頁374。

45 〔明〕張居正:〈與殷石汀經略廣賊〉,載張舜徽、吳量愷主編:《張居正集》(長沙市:荊楚書社及武漢市:湖北人民出版社,1987-1994年),冊2,頁435。

盡拔，唯旋生旋除之耳。」[46]

　　殷正茂他遷後，繼任的淩雲翼（字洋山，1547年進士）便有意鎮壓殷氏漏網的廣東羅定縣羅盤（旁）、淶水的少數民族叛亂。[47]不過張居正仍是小心行事，要求對羅旁事「審定而後動，期於萬全乃可。」[48]其實早在嘉靖三十五年（1556）前，他已對此地的問題略有見地。[49]在這次於萬曆五年（1577）進行的征討中，張居正再不採用過分血腥的方法，在戰勝並獲功萬餘後，「宜乘此勢，多方招徠，開其生路，隨宜處置，務絕後患，此一勞永逸之策也。」[50]由此可見張居正對廣東山寇態度的轉變。此後，因為羅旁一帶土壤肥沃，與「廣右邊徼不同」，江陵便採淩雲翼之議設官招徠漢族與少數民族開墾，不加審別，以為長治久安之計。[51]萬曆七年，他大抵掌握了廣東少數民族的分布與特點，在與時任兩廣總督的劉堯誨討論羅旁山民時，便指出過往多殺的血腥鎮壓其實並非萬全：

　　　　往大征之舉，擒斬以數萬計，不可謂之無功。但此中傜賊不能為害，為
　　　　害者狼賊耳。傜山而蠹。狼流來無根，黠而好亂。大兵一臨，傜先走
　　　　於狼，即竄穴中，嗾木杪。官兵搜而殲之，無敢抗臂，故所殺者，皆
　　　　傜賊也。……及大兵既退，下令招降，則狼賊又聽招而來。彼乃嘯其
　　　　徒侶，繕其故巢。又知我防守單弱，大役難再，逞其故態，擾我新

46 〔明〕張居正：〈答殷石汀〉，載張舜徽、吳量愷主編：《張居正集》（長沙市：荊楚書社及武漢市：湖北人民出版社，1987-1994年），冊2，頁443。

47 〔明〕張居正：〈答兩廣淩洋山計剿羅盤寇〉，載張舜徽、吳量愷主編：《張居正集》（長沙市：荊楚書社及武漢市：湖北人民出版社，1987-1994年），冊2，頁588。

48 〔明〕張居正：〈答兩廣督撫計剿海賊〉，載張舜徽、吳量愷主編：《張居正集》（長沙市：荊楚書社及武漢市：湖北人民出版社，1987-1994年），冊2，頁591。

49 〔明〕張居正：〈答劉百川〉，載張舜徽、吳量愷主編：《張居正集》（長沙市：荊楚書社及武漢市：湖北人民出版社，1987-1994年），冊2，頁1271。

50 〔明〕張居正：〈答兩廣淩洋山〉，載張舜徽、吳量愷主編：《張居正集》（長沙市：荊楚書社及武漢市：湖北人民出版社，1987-1994年），冊2，頁647。

51 〈答兩廣淩洋山計羅旁善後〉冊2，頁710。

民。故今日之為亂者，蓋狼賊，非傜賊也。此賊情之大較也。[52]

在鎮壓少數民族及漢人的山賊上，張居正給予殷正茂等地方督撫便宜行事、「寬文法」的自由，就算為他們抵擋「盈公車」的彈章亦不曾動搖。[53]因為他衷心期望廣東能在一兩年內得以平定而由亂入治。[54]在盪平了這個作為「盜藪」的嶺表後，張居正表示兩廣總督殷正茂，是得到廣東縉紳很大的肯定的：「有知以來，用兵制勝，未有如今日之盛者也。」就連萬曆皇帝也對他的「鴻猷峻烈，簡在帝心矣」。[55]萬曆三年他挽留殷正茂時，美言兩廣此時「鯨鯢盡戮，地方粢寧」，[56]而廣西一地「今已大定，聞西省自府江平復，道路開通，客旅無阻。梧州之鹽，方舟而下，南交通貢，貿遷有無，桂林遂為樂土。」[57]這正是張居正著意平定盜患，所期望達到之理想社會經濟情況。

話說回來，江陵以為漢人盜賊與少數民族叛亂大抵不難以軍隊平定，但在決定撫或剿的政策，以及對撫剿的功績作出合理評價的問題上，因為涉及嶺南的縉紳，似乎比軍事行動更為凶險。他似乎對兩廣士子印象很差：「但兩廣之人，好為議論，臺諫無識者，往往誤聽之。訛言屢興，賴聖明遠矚，三至不疑。若昔時之政，則風波滿海內矣。粵地所患，不在盜賊，而在人心不公，是非不定，紀綱不振，法度不行。可恨！」[58]

---

52 〈答兩廣劉凝齋言賊情軍情民情〉冊2，頁835-36。又見〈答南司馬淩洋山〉冊2，頁867。

53 〈答兩廣殷總督〉冊2，頁309。

54 〈答潘總憲笠翁〉冊2，頁352。

55 〔明〕張居正：〈答兩廣殷石汀〉，載張舜徽、吳量愷主編：《張居正集》（長沙市：荊楚書社及武漢市：湖北人民出版社，1987-1994年），冊2，頁392。

56 〔明〕張居正：〈答兩廣殷石汀〉，載張舜徽、吳量愷主編：《張居正集》（長沙市：荊楚書社及武漢市：湖北人民出版社，1987-1994年），冊2，頁511。

57 〔明〕張居正：〈答兩廣總督殷石汀〉，載張舜徽、吳量愷主編：《張居正集》（長沙市：荊楚書社及武漢市：湖北人民出版社，1987-1994年），冊2，頁518。

58 〔明〕張居正：〈答廣西巡撫郭華溪〉，載張舜徽、吳量愷主編：《張居正集》（長沙市：荊楚書社及武漢市：湖北人民出版社，1987-1994年），冊2，頁462。

四　殺人越貨的江洋大盜

嘉靖四十一年（1562）張居正寫信給時任甘肅巡按御史的耿定向（1524-1597，字在倫，號楚侗，1556年進士），描述了當時治安不靖的問題：「長安碁局屢變，江南（倭寇）羽檄旁午，京師十里之外，大盜十百為群。」又指出敗壞的治安與貪汙之風關係密切，「貪風不止，民怨日深，倘有姦人乘一旦之釁，則不可勝諱矣。」這時他已立定經理天下之志，一心要扭轉危局，「非得磊落奇偉之士，大破常格，掃除廓清，不足以弭天下之患。顧世雖有此人，未必知，即知之，未必用，此為可慨嘆也。」[59]

在嘉隆間有一股被稱為「監利大盜」的悍匪，活躍於張居正家鄉附近的湖廣監利縣任邑一帶。身為內閣輔臣的張居正，對這伙盤據洞庭湖口附近的大盜一直耿耿於懷，只是他因擔心當地官員不能輕易對付這股匪徒，故也不敢多提。此事間接反映了當時不少地方官員，在處理盜賊問題上的不濟之處。隆慶六年春，當他知悉監利知縣李克敏先以勸誘降其首領，然後再用計殺其盜首及部分徒眾，便去信湖廣巡按御史陳於階，表達他對巨盜被剿的興奮心情：「茲聞首惡已盡擒獲，餘黨稍稍解散。數十年巨憝，一朝划除，非公〔陳御史〕沉機定算，安能辦此？喜躍之懷，良不可任。監利李尹，不費兵力，收此奇功，允宜破格優錄；或暫加服俸，仍管縣事，他日以兵備、僉憲處之，何如？」[60]此外，他又指示地方官員要給投降賊人網開一面：「監利賊首既已首服，自宜宣布威信，許其自新。」[61]作為中央最高官員，對一個地方賊夥被消滅而高興若此，可見張居正對地方的治安問題始終極為關注，同時也見他對老家附近的安寧是非常緊張的。[62]他又認定各省巡撫的主要職

59 〔明〕張居正：〈答西夏直指耿楚侗〉，載張舜徽、吳量愷主編：《張居正集》（長沙市：荊楚書社及武漢市：湖北人民出版社，1987-1994年），冊2，頁1284。

60 〔明〕張居正：〈答楚按院陳燕野〉，載張舜徽、吳量愷主編：《張居正集》（長沙市：荊楚書社及武漢市：湖北人民出版社，1987-1994年），冊2，頁279-280。

61 〔明〕張居正：〈答湖廣撫院劉唐巖〉，載張舜徽、吳量愷主編：《張居正集》（長沙市：荊楚書社及武漢市：湖北人民出版社，1987-1994年），冊2，頁127。

62 見浦士培：〈張居正與荊州〉，《張居正研究》（武漢市：2012年），第1輯，頁132。

務，乃「將盜是務除」。[63]一旦逃亡的逋盜得以捕獲，則「足消地方隱禍」。[64]

其實他執政時明代各地的治安不靖問題，可說已是十分嚴重了。從萬曆元年時張居正與保定巡撫孫立亭的通信中，便知當時北京城附近仍然有嘉靖以來的盜賊橫行問題：「近來畿輔之地，盜賊橫行，京師百里之內，一月而二三發，似非治平景象。」張居正對此也沒有提出根治之法，惟有「今內當責之巡捕，外當責之兵備，惟公留意督察之，幸甚。」[65]不過改善近畿治安的工作似乎不太成功，在萬曆七年張居正的〈答保定巡撫張滸東〉，便提及在近京地方甚至連一林姓知府也被盜。他強調地方政府對有關盜案不應隱瞞，而同信中亦提到「又八九月間，有人言保定地方，礦賊事發，官軍逐之，致傷十餘人，久之，亦未見奏聞。」[66]除鄰近京師之地以外，各地的盜夥亦非常猖獗，如萬曆三年十二月便有江洋大盜劫淮府建昌王，更奪走王印，令萬曆皇帝十分震怒，差一點沒有重懲淮府一帶的撫按，幸得張居正巧為維護，以及賊人於萬曆四年被拿獲，才得以薄譴了事。[67]同年又發生了一起強盜於某省省會之外盜劫官銀的案件，雖然人贓大半已獲，但如此明目張膽地於警衛森嚴處搶劫官家財物，足以反映那些賊匪膽大包天。

張居正的對策只有嚴令捕盜，「盜者必獲，獲者必誅」，使他人不敢為之而已。[68]萬曆八年，江西寧州有一石僉憲屢獲巨盜，便獲晉升為一道正官。

---

63 〔明〕張居正：〈答應天巡撫王古林〉，載張舜徽、吳量愷主編：《張居正集》（長沙市：荊楚書社及武漢市：湖北人民出版社，1987-1994年），冊2，頁528。

64 〔明〕張居正：〈答江西巡撫王又池〉，載張舜徽、吳量愷主編：《張居正集》（長沙市：荊楚書社及武漢市：湖北人民出版社，1987-1994年），冊2，頁924。

65 〔明〕張居正：〈答保定巡撫孫立亭〉，載張舜徽、吳量愷主編：《張居正集》（長沙市：荊楚書社及武漢市：湖北人民出版社，1987-1994年），冊2，頁375。

66 〔明〕張居正：〈答保定巡撫張滸東〉，載張舜徽、吳量愷主編：《張居正集》（長沙市：荊楚書社及武漢市：湖北人民出版社，1987-1994年），冊2，頁866。有關礦賊事善後見〔明〕張居正：〈答巡撫辛慎軒〉，載張舜徽、吳量愷主編：《張居正集》（長沙市：荊楚書社及武漢市：湖北人民出版社，1987-1994年），冊2，頁1041。

67 〔明〕張居正：〈答操江王少方〉，載張舜徽、吳量愷主編：《張居正集》（長沙市：荊楚書社及武漢市：湖北人民出版社，1987-1994年），冊2，頁601。

68 〔明〕張居正：〈答總憲吳公〉，載張舜徽、吳量愷主編：《張居正集》（長沙市：荊楚書社及武漢市：湖北人民出版社，1987-1994年），冊2，頁603。

另一方面，張居正對同時的江西巡撫王宗載愆期不獲泰和之盜，則表示了較強烈的不滿。[69]往後他對極善捕盜的官吏多加留意，更不惜破格陞遷，盡用其才。[70]此外，因為河南永城一帶出現駭人聽聞的劫案，江陵便以為「此地古來多盜，不早撲滅，將至滋蔓，不可不慮也。」[71]

至萬曆九年（1581），張居正得悉江淮地區的一些地方官，有官銀被盜而誣下屬侵匿以脫罪的惡習。江陵對丹陽運官被盜案，便多番規勸地方長官不要誣過他人：「近聞江淮多盜，有司隱情積習，牢不可破。如〔丹陽〕運官李焜被劫事，人皆以為實，而誣以侵欺，實之重典。規脫己罪，陷人於死，忍亦甚矣！」[72]對於類似問題，他又說「江南以隱匿盜情為常事，數年之間，一發於揚州，再發於太平，今發於鎮江。」這等隱瞞惡習對盜賊問題，實有推波助瀾的作用：「至使失主被傷而不敢承，大盜公行而莫之問，則法紀蕩然矣」。[73]在〈答按院張公簡〉一信中，張居正指責「近聞大江南北，盜賊縱橫，有司皆匿不以聞。」[74]他更警告此等隱情避責之風不改，「將來盜賊愈滋，官司莫之敢詰，必釀成元末大患。」這已是影響朝廷興亡的要務了。不過對於盜匪多興之原因，江陵卻認為與「近來江防稍覺廢弛」有

---

69 〔明〕張居正：〈答江西巡撫王又池〉，載張舜徽、吳量愷主編：《張居正集》（長沙市：荊楚書社及武漢市：湖北人民出版社，1987-1994年），冊2，頁924。

70 〔明〕張居正：〈答河漕淩洋山言賑濟捕盜〉，載張舜徽、吳量愷主編：《張居正集》（長沙市：荊楚書社及武漢市：湖北人民出版社，1987-1994年），冊2，頁1030。

71 〔明〕張居正：〈答河道巡撫褚愛所〉，載張舜徽、吳量愷主編：《張居正集》（長沙市：荊楚書社及武漢市：湖北人民出版社，1987-1994年），冊2，頁1021。

72 〔明〕張居正：〈答盧鳳按院陳公用賓〉，載張舜徽、吳量愷主編：《張居正集》（長沙市：荊楚書社及武漢市：湖北人民出版社，1987-1994年），冊2，頁1006。另見〔明〕張居正：〈答應天巡撫孫小溪〉，載張舜徽、吳量愷主編：《張居正集》（長沙市：荊楚書社及武漢市：湖北人民出版社，1987-1994年），冊2，頁999。

73 〔明〕張居正：〈答應天巡撫孫小溪言捕盜〉，載張舜徽、吳量愷主編：《張居正集》（長沙市：荊楚書社及武漢市：湖北人民出版社，1987-1994年），冊2，頁1032。

74 〔明〕張居正：〈答應天巡撫孫小溪〉，載張舜徽、吳量愷主編：《張居正集》（長沙市：荊楚書社及武漢市：湖北人民出版社，1987-1994年），冊2，頁1014。

關，似亦有掩耳盜鈴之嫌。[75]

盜禍出現的背景是邦本不固，「百姓愁苦思亂」以及貧富不均。[76]江陵告誡富者，「在治世則王法之所不宥；在亂世則盜賊之所先窺。」[77]不過萬曆初年盜患的近因，卻是因世宗朝以來姑息養奸，有司不敢捕盜，「盜獲而未必誅也，不誅則彼且刜刃于上，以毒其讎而合其黨，故盜賊愈多，犯者愈眾。」為了根治有法而不執行的問題，張居正便要求「執政者持直墨而彈之，法在必行，奸無所赦」，更為強調「執事當弭盜之任」。[78]此外，針對地方官員匿賊不報的惡習，萬曆皇帝有旨：「如有盜賊事發，務要即時從實申報；重大者奏聞寬限，設法捕盜。」張居正為免官員刻意扭曲旨意，便詳解箇中細節：「夫謂如有盜發，即時申報，則不問城內外，皆當申報上司矣。謂重大者奏聞，則非重大者，雖城內亦不必奏聞。然盜發雖有遠近，賊情雖有大小，撫按皆當一體嚴督有司，設法緝捕者，此旨意也。」[79]如此，則地方盜禍皆清楚明白，只要各地官員盡職緝捕，將大盜繩之於法之餘，也叫有意鋌而走險者卻步，各地江洋大盜自會有所收斂。

五　小結

雖然同被套上「盜賊」之名，殺人越貨的江洋大盜，與依山據險拒絕漢人管束的少數民族叛亂，在性質上是有根本不同的。可是，在張居正眼中它

---

75 〔明〕張居正：〈答按院張公簡〉，載張舜徽、吳量愷主編：《張居正集》（長沙市：荊楚書社及武漢市：湖北人民出版社，1987-1994年），冊2，頁1008。

76 〔明〕張居正：〈陳六事疏〉，載張舜徽、吳量愷主編：《張居正集》（長沙市：荊楚書社及武漢市：湖北人民出版社，1987-1994年），冊1，頁7。

77 〔明〕張居正：〈答應天巡撫胡雅齋言嚴治為善愛〉，載張舜徽、吳量愷主編：《張居正集》（長沙市：荊楚書社及武漢市：湖北人民出版社，1987-1994年），冊2，頁692。

78 〔明〕張居正：〈答憲長周友山言弭盜非全在不欲〉，載張舜徽、吳量愷主編：《張居正集》（長沙市：荊楚書社及武漢市：湖北人民出版社，1987-1994年），冊2，頁683。

79 〔明〕張居正：〈答應天巡撫孫小溪言捕盜〉，載張舜徽、吳量愷主編：《張居正集》（長沙市：荊楚書社及武漢市：湖北人民出版社，1987-1994年），冊2，頁1032。

們又是那麼的類同，不單因為它們同樣帶來擾亂社會治安的結果，更在於引發它們的共同原因——貪官汙吏的失政。可以說，張居正一生極力懲貪的一大原因，乃是視貪汙為這些盜禍之根源。他認為貪汙不除，破壞社會秩序和侵蝕大明統治根基的各種盜匪，定必無法根絕。而且官員一旦貪汙，便會身不由己，甚至會被奸吏操控而無可奈何。[80]

　　此種「懲貪以滅盜」的思想貫徹於張居正數十年的言行之中：[81]早在嘉靖四十一年時他已指出貪風與盜患有並生之理。[82]另一方面，雖然江陵在隆萬之間主張以重典鎮壓嶺南的海寇及少數民族叛亂，不過他亦承認這些「盜患」的根源不在漢番居民的頑劣，乃在於廣東吏治的不靖：「廣中患不在盜賊，而患吏治之不清、紀綱之不振，故元氣日耗，神氣日索。」[83]

　　除了貪官包庇盜賊的問題外，貪汙的另一種作用在於「生盜」。因為貪官汙吏向平民索賄，令他們心懷恨怨，甚至不能生理故而被迫為盜。[84]張居正由是感慨：「夫官貪，則良民不懷，奸民不畏；而盜賊利足以啗之，威足以儦之，何憚不為盜！」[85]要徹底根治盜害，張江陵強調必先嚴懲貪官汙吏：「誅貪賊之吏，使天下人心，繫心於上，而未睽離，則盜賊之勢孤，而應之者少。」[86]當然，單靠懲貪，未必就能將貧富懸殊等製造盜患的社會矛

---

80 見〔明〕張居正：〈雜著第二十一〉，載張舜徽、吳量愷主編：《張居正集》（長沙市：荊楚書社及湖北人民出版社，1987-1994年），冊3，頁672-673。在這篇代萬曆皇帝下筆的短文，張居正表達對洪武時代清官笞死違法奸吏，而受太祖褒揚的清廉時代之嚮往。

81 參蘇基朗、譚家齊：〈首輔貪汙？——從反貪思想和法律角度論張居正的貪汙罪狀〉，《中國文化研究所學報》第43期（2003年），頁228。

82 〔明〕張居正：〈答西夏直指耿楚侗〉，載張舜徽、吳量愷主編：《張居正集》（長沙市：荊楚書社及武漢市：湖北人民出版社，1987-1994年），冊2，頁1284。

83 〔明〕張居正：〈與殷石汀論吏治〉，載張舜徽、吳量愷主編：《張居正集》（長沙市：荊楚書社及武漢市：湖北人民出版社，1987-1994年），冊2，頁421。

84 〔明〕張居正：〈雜著第十〉，載張舜徽、吳量愷主編：《張居正集》（長沙市：荊楚書社及武漢市：湖北人民出版社，1987-1994年），冊3，頁650-651。

85 〔明〕張居正：〈答兩廣劉凝齋條經略海寇四事〉，載張舜徽、吳量愷主編：《張居正集》（長沙市：荊楚書社及武漢市：湖北人民出版社，1987-1994年），冊2，頁790-791。

86 〔明〕張居正：〈雜著第十〉，載張舜徽、吳量愷主編：《張居正集》（長沙市：荊楚書社及武漢市：湖北人民出版社，1987-1994年），冊3，頁650-651。

盾徹底解決，但卻是以事君安民為己任的士人最能作出一己貢獻之所在，而
這就是張居正滅盜最立竿見影的王道了。

第四章
是非公論：
明代判牘研究之回顧與展望

一 引言

　　明代中晚期社會經濟長足發展，對傳統的中國社會秩序產生全面的衝擊。在龐大的一統帝國中出現了越來越多的新興市鎮，而且在市鎮之內或周邊村落，更有不少專業工匠從事日趨精緻，又產量龐大的手工業生產。[1]透過合法及走私貿易從南美及日本大量流入的白銀，彷彿是挑旺經濟發展源源不絕的燃料。[2]當時南方沿海各省，多有市場主導的農業生產，農民為改善生活逐漸放棄耕種糧食，而專心投產地方特產及市場價值較高的作物。不過，經濟猛烈的增長雖然大大改善了部分人的物質生活，卻又同時導致了前所未有的貧富不均，以及各社會階層間嚴重的利益衝突。例如各地多有盜賊橫行的治安問題，更有奴婢起而反抗主人的奴變爆發。當時審訊案件的法官留下來的判牘資料，正好反映了明代的地方官員，在面對這一系列改變與衝突的同時，又受制於理論上不可改易的《大明律》法制框架的兩難處境。有識之士多有於巨變中思考解決社會問題的方案，並努力嘗試維持社會秩序。以上種種法制問題及社會變化，活龍活現的表述於作為法制史料的晚明判牘之中，而當時官員的成敗經驗，對處理今日中國基層社會的類似問題，仍有值得借鑑的地方。

---

[1]　樊樹志：《晚明史》（上海市：復旦大學出版社，2003年），冊1，頁74-146。

[2]　樊樹志：《晚明史》（上海市：復旦大學出版社，2003年），冊1，頁66-74。另見 von Glahn, Richard. *Fountain of Fortune: Money and Monetary Policy in China, 1000-1700* (Stanford: Stanford University Press, 1996), 113-141。

　　總體來說，中國法制史是近年方興未艾的史學研究範圍，而明代又是其中較早受注意的時代。自上世紀八十年代開始，中國及日本學者日漸留意到明代判牘的可塑性，因為這些司法案例既反映了當時社會的治安問題，更可重現面目模糊的邊緣社群狀況，有效補充了過往只從正史、文集、筆記，甚至話本小說中勾勒明代基層社會面貌的窘境。本章便回顧自此時期開始，各地學者對於明代判牘的著錄、刊印、點校注釋，以及應用研究的概況，尤其注意有關《百一新判》、《螢辭》、《雲間讞略》、《折獄新語》、《莆陽讞牘》及《盟水齋存牘》等部頭較大的案牘結集討論之旨趣所在。

二　有關明代判牘的提要目錄

　　刑殺令人有不祥之感，雖則明太祖於《大明律》中有明令官員要向百姓講讀律令，而令部分明人響應而刊印了不少判牘。可是，入清以後有關文書始終未登大雅之堂，致令包括《四庫全書》在內的主要書目罕有收錄，讓明代判牘籍籍無聞。近代以來，幸得王重民的《中國善本書提要》率先著錄此類文書，其中介紹了明末顏俊彥的《盟水齋存牘》，指出這部判牘是研究晚明廣東及澳門問題不可多得的文獻資料。[3] 礙於當時的圖書館條件，王氏對明代判牘的介紹卻到此為止。往後直至廿一世紀之前，有關明清判牘的著錄更幾乎無以為繼。

　　判牘既是研究法制問題及社會史的重要資料，對它們充分利用的首要條件，就是瞭解有關文獻的著述、存佚、收藏及出版情況。現在看來，中國境內外各大主要圖書館中，實藏有數以百計已知的判牘著作，只是它們竟曾長期被受忽略。因此，著錄此類文書的書目提要，對提示研究者搜集及運用此類司法史料，以致開創判牘研究的新天地，便是有關鍵的貢獻了。這些著錄的嘗試，包括二〇〇四年初前臺灣中央研究院歷史語言研究所法律史研究室的丘澎生和巫仁恕等，分別在當時的會議及報告論文中，以表格列舉一些他

3　王重民：《中國善本書提要》（上海市：上海古籍出版社，1983年），頁163-164。

們當時知見、而相對零散的明清判牘資訊。[4]

　　此類書目提要中最翔實而全面的一部，要數法國巴黎法蘭西學院的榮休中國史教授魏丕信（Pierre-Étienne Will）主編的 *Official Handbooks and Anthologies of Imperial China: A Descriptive and Critical Bibliography*。此書其實至今尚未定稿，不過已於二〇〇二年、二〇〇七年、二〇〇九年及二〇一〇年，先後釋出吸納意見用的試行版本。魏氏廣邀世界各地中國法制史學者參與計畫，各人分別執筆介紹中國歷代法典、官箴及判牘等官吏的指南及參考書籍。在交代作者生平、序跋情況、歷代版本等書籍資訊之餘，也撰有提要介紹書中內容，並指出現代的點校翻印及圖書館收藏情況，間中亦加入近人對相關法律文書的引用及研究概要。筆者因研究明代判牘之便，亦在有關研究計畫中薄盡綿力，而且也在此平臺中向主編及其他參與人員多所請益。[5]

　　與此同時，日本的法史學者亦作出類近的著錄工作。在二〇一〇年三木聰、山本英史及高橋芳郎等，聯手編輯了一部專注於明清判牘的《傳統中國判牘資料目錄》。[6]與法國魏氏的提要不同，此書是一部盡量詳細列出各書所載判牘標題的目錄，除了極少的介紹及收藏與出版的訊息外，幾無觸及判牘作者生平與各書內容概況。此目錄方便學者之處，在於搜尋出此類文體的善本藏身之地，亦在於瞭解各判牘所載案例的數目與性質。以上提要目錄各有專注重點，它們的出版為明清史學界清點了大部分現存判牘的數目，亦利於研究者在各地善本書庫中，較易尋得那些塵封已久的稀見判牘，由此基礎展開對明清史全新課題的研究。

4　如巫仁恕在法律史研究室的研討會「審判：理論與實踐」中，發表的〈就法論法？明代地方政府的司法審查〉（臺北市：中央研究院，2004年2月），便列表介紹了明人文集中所載審語概況。

5　Will, Pierre-Étienne (ed). *Official Handbooks and Anthologies of Imperial China: A Descriptive and Critical Bibliography* (Work in progress, as of 29 November 2002; work in progress, as of 10 September 2007; work in progress, as of 25 June 2009).

6　三木聰、山本英史、高橋芳郎編：《傳統中國判牘資料目錄》（東京：汲古書店，2010年）。

三　明代判牘的整理出版

　　明代判牘在八十年代後期以後陸續在中國大陸整理出版，其中最早的是於一九八九年問世的李清《折獄新語》點校注釋本。此版本其實並非李清判牘首次在現代翻印，乃為取代民國時期圈點排印的《國學珍本文庫》的「風趣判牘」版本，並解說判牘中較艱澀的字眼。[7]不過，此後晚明判牘的刊印卻暫時沉寂了十多年，一直要到二○○二年才有顏俊彥的《盟水齋存牘》點校出版。此本為中國政法大學古籍整理研究所，按現存北京大學圖書館的明代刻本點校整理。除斷句及標點多有錯誤外，此點校本更未有參校另一藏於廈門大學的明抄本，殊為可惜。[8]及至二○○六年，北京中國社會科學院出版了由楊一凡及徐立志主編的《歷代判例判牘》，其中收錄超過十部明代的判牘。此叢書的好處，是將各判牘全文以現代標點點校排印，方便研讀；而且所收的大部分判牘，都是原來流傳甚少的珍本。[9]對研究晚明沿海情況，此叢書更是至關重要的，因為書中為每個南方沿海的省分，最少都收入了一部相應的晚明判牘，包括江蘇的《雲間讞略》及《按吳親審檄稿》、浙江的《折獄新語》、廣東的《盟水齋存牘》，以及福建的《莆陽讞牘》和載有超過二百個有關如娼妓及同性戀者等社會邊緣群體活動的《新奇散體文法審語》等等。自此探索明代法制史與社會經濟史，便有了一個更強大的資料基礎了。中國傳統判牘的出版熱潮卻仍未停頓，在二○一二年中國社會科學院的法律研究所，又影印出版了一套二十冊的《古代判牘案例新編》，好補進

7　陸有珣等點注：《折獄新語注釋》（長春市：吉林人民出版社，1989年）。見襟霞閣主人點校：《折獄新語》（上海市：中央書店，1935年，《國學珍本文庫》），第1輯，冊3。

8　顏俊彥：《盟水齋存牘》（北京市：中國政法大學出版社，2002年）。

9　楊一凡、徐立志主編：《歷代判例判牘》（北京市：中國社會科學出版社，2006年）。本叢書中收入自先秦以來歷代判牘資料共五十三種，其中為明代者有《四川地方司法法檔案》、《雲間讞略》、《重刻釋音參審批駁四語活套》、《新纂四六讞語》、《新纂四六合律判語》、《新鐫官板律例臨民寶鏡》、《按吳親審檄稿》、《莆陽讞牘》、《明人文集所載判牘》（收集部分散見於多部明人個人綜合文集的判牘）及《折獄新語》（補入前此長春藏底本未收的二十三條目）。

《歷代判例判牘》未有收入的其他二十九種明清判牘，當中包括《仁獄類編》、《王恭毅公駁稿》、《讞獄稿》、《陝西漢中府有關捕解資料》、《勿所劉先生居官水鏡》、《湖湘讞略》及《詔獄慘言》等七部明代出版的作品，以及清初李漁（1610-1680年）所編載有包括李清及陳子龍（1608-1647年）等晚明官員審語的《資治新書》。另一方面，同一機構又於同年出版另一部十五冊的《歷代珍稀司法文獻》，將傳統中國有關法律解釋、司法程序、法醫搜證及訴訟技巧等參考書籍，多囊括其中加以點校排印，對未來更深入地理解傳統中國判牘的內容，實在是大有裨益的。10

四　有關明代判牘的研究與應用

自二十世紀九十年代開始，明史學者逐漸運用明代判牘，開展不少有關明代社會經濟史與法制史的新研究課題。日本學者濱島敦俊對此種史料有重要的開創性貢獻。在一九九三年發表於滋賀秀三主編的《中國法制史基本資料の研究》內的〈明代の判牘〉一文，便匯集了濱島氏前此十多年的研究心得，詳述了祁彪佳文書、《讞辭》、《雲間讞略》、《盟水齋存牘》和《折獄新語》等幾部主要的明代判牘的內容與作者情況，間中亦交代他艱苦尋索這些久被遺忘史料的過程。11此後，日本學者多依其意見，在研究及應用明代案例時，集中於爬梳民間商業活動中有關「民法（Civil Law）」的運用情況。

在中國大陸方面，對傳統中國判牘最具影響力的研究，則非汪世榮於一九九七年出版的《中國古代判詞研究》莫屬。12此書簡述了汪氏當時知見自唐到清的多部判牘，雖然只有《折獄新語》等極少數的明代判牘包羅討論之中，但其對判牘價值的肯定，已讓中國此後的法制史著作不再忽略此等案例

---

10 楊一凡主編：《古代判牘案例新編》（北京市：中國社會科學出版社，2012年）。楊一凡主編：《歷代珍稀司法文獻》（北京市：中國社會科學出版社，2012年）。
11 滋賀秀三編：《中國法制史基本資料の研究》（東京：東京大學出版社，1993年），頁509-538。
12 汪世榮：《中國古代判詞研究》（北京市：中國政法大學出版社，1997年）。

史料。大陸學者在應用明代判牘時，取向大抵與日本的史家相同，就是將視角集中於明代的「民法」問題上。有關研究的佼佼者，是童光政的《明代民事判牘研究》。[13]

在海峽對岸的臺灣，對傳統中國判牘的研究多由中研院史語所的法律史研究室所發動。其中較突出的研究成果有巫仁恕的〈明代的司法與社會——從明人文集中的判牘談起〉，文中引用數十個收錄於不同明人文集的審語資料，討論明代中後期的司法制度概況，以及判牘反映的官方社會控制手段及社會問題。[14]原在中研的丘澎生亦以明代的虛構擬判及清代的成案資料，講論明清兩代不同的商業經濟情況，重要成果包括《當法律遇上經濟：明清中國的商業法律》等專書及多篇論文。[15]此外，幾位臺灣的研究生，亦據明代判牘資料撰寫他們討論個別社會問題的碩士論文。例如政治大學的戴順居，便以散見於明人文集的判牘探討明代盜賊橫行問題，其論文旋以《明代的強盜案件：判牘中所反映的民間社會治安問題》為題正式出版。[16]暨南國際大學的吳景傑，就以明代判牘討論婦女買賣的問題，而清華大學的范育菁，則講晚明的男同性戀衝突。以上各人皆嘗試以權威的判牘史料，澄清晚明基層社會原來只靠民間文學資料反映的個別面向。[17]

除上述綜合運用多部明代判牘的研究成果外，近年也有一些針對個別判牘的研究，集中一至兩部明代判牘的資料，從事對一時一地微觀而深入的法制或社會經濟觀察。此類研究近年大行其道，較初期的有姜永琳對《譽辭》

13 童光政：《明代民事判牘研究》（桂林市：廣西師範大學出版社，1999年）。

14 巫仁恕：〈明代的司法與社會——從明人文集中的判牘談起〉，《法制史研究》第2期（2001年），頁61-87。

15 丘澎生：《當法律遇上經濟：明清中國的商業法律》（臺北市：五南圖書出版公司，2008年）。

16 戴順居：《明代的強盜案件：判牘中所反映的民間社會治安問題》（臺北市：明史研究小組，2005年）。

17 濱島敦俊指導的吳景傑：〈明代判牘中的婦女買賣現象〉（南投縣：暨南國際大學碩士論文，2009年），以及丘澎生指導的范育菁：〈風俗與法律：十七世紀中國的男風與男風論述〉（新竹市：清華大學碩士論文，2010年）。吳景傑在二〇一一年於《明代研究》中，以部分論文章節發表了〈明代婦女買賣案件中的法律推理〉（頁107-140）。

的研究。此判牘乃南明抗清名將張肯堂（1625年進士，死於1651年），於一六三〇年前後在北直隸濬縣任職知縣時的審判記錄。[18]後來姜氏又與吳豔紅携手合作，研究松江府推官毛一鷺（1604年進士）的判牘《雲間讞略》，開啟了對明代府推官這個被受忽略職位的初步討論。[19]除此以外，筆者也討論了嘉靖晚期（1522-1566）布衣胡介的擬判集《百一新判》。此書為現存最早的明代科舉擬判結集，其中載有一道以《大誥》條目「僧道不務祖風」發揮的判語，似乎反映了明太祖這部較嚴苛的法典至此時仍有一定的法律地位。[20]

　　其實在二十世紀末以前，中國大陸的史家一直對明代判牘有極大的誤解，就是認定李清的《折獄新語》是「現存唯一的明代判牘」，故此幾乎所有有關明代法制問題的討論，都圍繞著這部「風趣判牘」起舞，形成對明代法制或大或小的誤解。[21]在九十年代開始，國內外學者「重新發現」其他多部明代判牘，學術的潮流便轉向以顏俊彥的《盟水齋存牘》為中心，至今不

18　Jiang Yonglin. "Defending the dynastic order at the local level: Central-local relations as seen in a late-Ming magistrate's enforcement of the law," in *Ming Studies*, 43 (2000), pp. 16-39.

19　Jiang Yonglin & Wu Yanhong. "Satisfying both sentiment and law: Fairness-centered judicial reasoning as seen in Late Ming Casebooks," in Charlotte Furth, Judith T. Zeitlin and Ping-chen Hsiung (eds). *Thinking with cases: Specialist Knowledge in Chinese Cultural History* (Honolulu: University of Hawai'i Press, 2007), pp. 31-61. 此外，在二〇〇八至二〇〇九年，濱島敦俊於臺灣暨南國際大學，開辦以《讞辭》為中心的判牘研讀與研究應用工作坊。不過此訓練課程集中於判牘研讀技巧上，而沒有多少涉及判例的研究應用問題。見濱島敦俊：《明代判牘經典史料研讀課程》（南投縣：暨南國際大學，2009年）。又，吳景傑先於二〇〇八年在《暨南史學》中，發表了〈《讞辭》中的婦女買賣〉一文（頁1-48）。期後他又於二〇一一年在同一學報上，利用《讞辭》研究發表了〈從「家事」到「公事」：《讞辭》中所見晚明婦女非殉節型自殺案件〉（頁7-44），以有關婦女自殺案件探討明代州縣官在法律應用上處理「圖賴」問題的對應方法。

20　譚家齊：〈明太祖御製大誥在洪武朝以後行用情況新探〉，《中國文化研究所學報》第47期（2007年）。拙文指出既然《大誥》條目「僧道不務祖風」，仍是《百一新判》中值得時人注意運用的律法內容，那麼有關《大誥》的效力在宣德以後，即已「灰飛煙滅」的說法，應該站不住腳。

21　見陸有珣等點注：《折獄新語注釋》（長春市：吉林人民出版社，1989年），〈序〉，頁1。

衰。明代社會經濟史家,便多據此新見資料多創新猷。可是,採用此部判牘的學者,絕大多數只以書中案例為輔助史料,探索崇禎時期(1628-1644)廣州一帶田土、宗族、婚姻等社會經濟議題。[22]

在二〇〇九年筆者完成了以《折獄新語》及《盟水齋存牘》作比較研究的博士論文"Justice in Print: Prefectural Judges of Late Ming China in the light of *Mengshui zhai cundu* and *Zheyu xinyu*"。除了對兩書的作者及版本作出詳細考證外,筆者亦重新審視了有明一代,在傳統中國的審訊程序及法學發展上的貢獻,並點出明代法制與緊接其後的清代法制,有著根本性的不同之處,在法制上並不是簡單的「清承明制」的。我在研究中更發現了上述兩部判牘的案例,在處理各種類似的案情時,竟以幾乎相同的罪名及量刑來作處置,歸結晚明各地的府級法庭,在司法判決上具有高度的一致性。此外,我亦利用這些判牘中所附的上臺批語,重現了當時複雜而慎密的省級覆審制度,其中更特別強調府推官在維繫基層法治質素上的關鍵角色——為縣級初審合乎全國規範把關。[23]由此研究歸納出來用以分析及應用判牘史料的方法,實可應

---

22 例如Ye Xian'en, Long Darui (trans). "A note on the *Official Documents Preserved in the Meng Shui Studio (Meng shui chai ts'un-tu),*" in *The Gest Library Journal*, vol. VI, no.1 (Spring 1993). 此文後來以中文原文出版,載葉顯恩:〈晚明珠江三角洲區域情態的忠實記錄——《盟水齋存牘》簡介〉,載氏著《徽州與粵海論稿》(合肥市:安徽大學出版社,2004年),頁343-349;吳艷紅:《明代充軍研究》(北京市:社會科學文獻出版社,2003年),頁93-97;于志嘉,〈營(田)辭及盟水齋存牘中有關明代衛所軍戶資料選讀〉,論文發表於中央研究院歷史語言研究所法制史研究組主辦的「審判:理論與實踐」研討會(2004年2月);施洪道:〈明代州縣政府審理刑事案件職能初探〉,《零陵學院學報:教育科學版》第2卷,第2分冊(2004年),頁 37-39;程維榮:〈盟水齋存牘及其反映的晚明繼承制度〉,載張伯元編《法律文獻整理與研究》(北京市:北京大學出版社,2005年),頁178-191;〔日〕井上徹:〈明末廣州的宗族——從顏俊彥《盟水齋存牘》看實像〉,《中國社會歷史評論》(天津市:天津古籍出版社,2006年),冊6,頁21-32;徐忠明,《眾聲喧嘩:明清法律文化中的複調記敘事》(北京市:〔北京〕清華大學出版社,2007年);錢娜:《試論明代晚期廣東立嗣制度的現狀——以《盟水齋存牘》為依據》(重慶市:西南政法大學碩士論文,2007年)等等。

23 Tam Ka-chai. "Justice in Print: Prefectural Judges of Late Ming China in the light of *Mengshui zhai cundu* and *Zheyu xinyu*" (D.Phil. Thesis, University of Oxford, 2009). 此研究之修訂版本

用於《盟水齋存牘》及《折獄新語》以外的其他明清判牘之中，對往後筆者
處理其他明代判牘的研究亦甚有助益。不過，在拙文研究中仍多有未完全處
理的議題，例如顏李二官打算在基層社會中建立何種秩序、明清兩代省級司
法系統的異同等等，而且其他多部晚明判牘仍乏人問津，亟待研究者探索運
用。

　　此後，在二○一○至十一年間，筆者以博士後研究員身分，加入香港理
工大學中國文化學系的朱鴻林教授主持的研究項目「Maintaining Public
Security in the Southeast Coast of late Ming China (1550–1645): the experiences
of Community Pacts and Judicial Courts（晚明東南沿海的治安整治：鄉約與判
牘的前線經驗）」，針對討論晚明的鄉約與判牘。而對《盟水齋存牘》及《折
獄新語》以外的判牘進行探索，自是筆者的分內工作。在此時期我先出版了
一篇以《雲間讞略》案例，討論萬曆晚期（1570-1600年間）上海地區水路
交通情況與風險的書籍專章。[24]隨後，我又將注意力轉回《盟水齋存牘》
上，完成了兩篇剖析該書作者及案件年分，以及該書案件所載廣東牢獄問題
的期刊論文。[25]此外，我亦在此時期於多個國際學術會議上發表數篇論文，
除以判牘討論司法程序外，也從這些資料中觀察晚明的妓女實況，利用判牘
來作研究社會議題的史料。[26]

日內將以 "Justice in Print: Discovering Prefectural Judges and Their Judicial Consistencis in
Late-Ming Casebooks" 為題，由Brill出版。

24 Tam Ka-chai. "Conditions and Risks of Water Transport in the late Ming Songjiang Region as
seen in the cases collected in Mao Yilu's *Yuanjian yanlüe*," in So, Kee-long Billy (ed). *The
Economy of Lower Yangtze Delta in late Imperial China: connecting Money, Markets and
Institutions* (London: Routledge, 2013), pp. 266-277.

25 （1）譚家齊：〈《盟水齋存牘》所反映的晚明廣東獄政缺憾及司法問題〉，《中國文化研
究所學報》第57期（2013年7月），頁115-31。（2）譚家齊：〈待罪廣李：顏俊彥生平及
《盟水齋存牘》成書的糾謬與新證〉，《漢學研究》第29卷第4期（2011年12月），頁201-
219。經修訂後為本書第五章。

26 （1）譚家齊：〈晚明判牘《盟水齋存牘》所反映的明代府縣牢獄情況〉，發表於香港理
工大學中國文化學系主辦「第一屆中國文化及古文獻研究國際學術會議」（2010年6
月）。（2）Tam Ka-chai. "Beyond buying and selling: Prostitutes, pimps, and their clients in

　　從上述的研究計畫，筆者涉獵了在博士論文範圍以外不同的晚明判牘，並且發現其中仍有很多議題有待深入探索。換句話說，明代的判牘資料仍有很大的研究空間。自二〇一二年開始，筆者成功取得香港特區政府研究資助局優配基金的支持，負責題為「折獄安民：晚明判牘所反映的東南沿海社會秩序管理經驗（Managing social order in Maritime South China: late-Ming (1550-1645) judicial court experiences）」的兩年期研究計畫，專注討論晚明判牘裝載的法制史議題，以及其中所反映的沿海各省邊緣社群情況。曾經一度為明史學界所忽略的判牘史料，如今終於受到足夠的重視了。最近幾年，我已出產了以不同晚明判牘為中心資料的拙作，題材包括判牘出版、牢獄管理、司法刑訊、覆審制度、河道及海路交通風險、官吏貪汙、妓女情況、宗教管理、火器傳入，以及明代澳門管治問題等等。27在同一時期中，其他學者也開始廣泛應用以《盟水齋存牘》為主的晚明判牘，研究諸如繼承制度、商品交易、吏役指參，以及省級官員制度等議題，28漸漸蔚為大觀，讓晚明

---

the judicial cases from the late Ming and early Qing periods," paper presented at the Panel on Chinese Society at the margins in the 17th century, AAS Annual Meeting, Honolulu, Hawaii, USA, April 2011.

27 而在會議上發表的論文則有：(1) Tam Ka-chai. "Governed by the Interpreter: The Transforming Nature of Macau during the Late Ming and Early Qing Periods," paper presented at the "International Workshop on Defining the *Jecen*: the Evolution of the Qing Frontier, 1644-1918," organized by the Department of History, HKBU, and the Faculty of Arts and Hong Kong Institute for the Humanities and Social Sciences, the University of Hong Kong, May 2012. (2) Tam Ka-chai. "Controversies to the Morality and the Effectiveness of Judicial Torture in Novels and Casebooks from late Ming China", presented at the international conference "Judicial Torture and law of evidence in Europe, the Islamic World and China: a comparative perspective," University of Geneva, Switzerland, June 2013. (3)〈明末廣東官員及粵籍士人對西洋軍事技術的排拒態度〉，「2013年明清研究國際學術研討會」（臺北市：中央研究院，2013年12月）。

28 除前述的研究外，最近幾年圍繞《盟水齋存牘》的研究成果，便有如下多項：孟黎：〈明代婦女的財產繼承訴訟研究──以《盟水齋存牘》為例〉，《黑龍江史志》第16期（2009年），頁107-108；劉濤：〈明代的胥吏之害淺析──以《盟水齋存牘》為對象〉，《黑龍江史志》第16期（2009年），頁52-53；許克江：〈明朝後期廣東女性家庭財產權

沿海社會的情況更清晰地呈現出來，也為未來橫向研究晚明內陸各省的情況，以及縱向比較明初及清初相關的社會經濟變遷，提供了更為堅實的基礎。

五　明代判牘研究的展望

在明代的判牘史料中，實在仍有很多資料豐富的研究題材值得深入探討。隨手拈來，就有沿海省分劃便的處理及爭議、流丐問題、養濟院管理問題、婦人及老弱在審訊上的優待情況、官員與胥吏在審案過程中的角力、各地鄉官制度的比較分析，以及驗屍技藝在審訊上的角色等等，仍有待展開新的研究。

在二○一二年底，筆者因長期從事歷史地理訊息系統（Geographical Information System, GIS）研究的經驗，[29]獲法籍學者鞏濤（Jérôme Bourgon）及陸康（Luca Gabbiani）邀請參與由法國國家研究資助局（Agence Nationale de la Recherche of France）贊助的「以法管理中國（Legalizing Space in China）」計畫，攜手設計一套適合輸入與分析明清判牘與盛清成案的 GIS 系統。[30]為了測試輸入系統和研究方法，筆者的研究團隊已完成對整部《雲間讞略》的

淺析──《盟水齋存牘》典型案例的研究〉，《井崗山學院學報：綜合版》第30期（2009年），頁71-74；李慶新：〈從顏俊彥《盟水齋存牘》看明末廣州、澳門貿易制度若干變動〉，《學術月刊》（2011年1月），頁129-136；許燕嬋：〈情法兩盡：晚明珠江三角洲地方官吏調解田土糾紛紀實──以《盟水齋存牘》爭坦案為中心考察〉，《前沿》（2012年6月），頁151-154；劉濤：〈明代吏員的參充與指參──以《盟水齋存牘》為考察中心〉，《西南大學學報：社會科學版》第38期（2012年），頁137-144；倪晨輝、呂麗：〈《盟水齋存牘》中的慎刑理念分析〉，《學術研究》（2012年1月），頁50-55；樊建塋：〈民間風水信仰與傳統司法──基於「刁訟陳仲垣、陳傑二杖」案的考察〉，《許昌學院學報》第31期（2012年），頁113-116；何君：〈晚明百姓的爭訟觀念與思維──以《盟水齋存牘》為例〉，《法制與社會：旬刊》（2013年2月），頁10-11。

29 筆者參與了由原香港中文大學歷史系蘇基朗教授主持，前後兩個有關明清上海地區棉業的GIS研究計畫（2002至2004年及2007至2010年），網址：http://www.iseis.cuhk.edu.hk/songjiang/。

30 研究計畫網址：http://lsc.chineselegalculture.org/。

分析。如能在此 GIS 系統框架下，將現存五千個以上的晚明案例輸入其中，未來的研究者便能借助 GIS 的展示功能及電腦計算程式，從事以前無法想像的嶄新研究，例如對犯人姓氏與籍貫的分析等等。而電腦系統的強大檢索功能，更能將同一罪行、據同一律例所作的判決、以同一刑罰來作的處分等晚明案例全部展示出來，借此即可作前人未能企及的深入分析，將明代各時各地情況綜合比較，大大提高未來判牘應用研究的水平。如果版權問題處理得宜，更可將系統向公眾開放，並於每條案例的表格中連結案例原文的 Pdf 檔，讓晚明判牘的應用研究更為方便，有利研究者集中於分析與應用的工序上面。

六　小結

對社會史研究來說，明代判牘確是探索當時基層社會以及地方歷史的必要材料。倘若未來研治明代社會經濟史，而竟忽略此等司法史料，將是極度可惜的疏忽。另一方面，對法制史來說，過去因判牘資料未能流通，而影響了應用判牘來理解明代司法制度的機會，唯有僅從律例及官箴書研究相關條文，視野只集中在立法成果而忽略了司法實踐。如今有關資料業已廣為流傳，更可能置入方便檢索的電腦資料庫，實有必要倡導積極運用判牘來研究明代法制史，並從判牘所載的真實案例中檢視有關明代司法的成說，以及勘驗前線法官對官文書所規定律例原則之實踐程度，以理解司法制度真正的運作情況。

第五章
待罪廣李：
顏俊彥的《盟水齋存牘》[1]

一　引言

　　顏俊彥（1580年代至1666年，1627年舉人，1628年進士），字彥叔、開眉和開美，號雪矓，浙江省桐鄉縣保寧鄉石門鎮陌巷村人[2]，乃明末清初活躍於文壇的詩人，曾積極參與江南文社所推動的文學改良運動。任職廣州府推官的六年之間（1628-1633），其斷案的清明裁決與判牘的樸實典雅文風，據信獲得當地士民高度的讚許。[3]這批顏俊彥著於廣李（司理）任上的判

1　本章為香港理工大學中國文化學系大學中央資助博士後研究計畫 "Maintaining Public Security in the Southeast Coast of late Ming China (1550--1645): the experience of Community Pacts and Judicial Courts（課題編號：G-YX4E）" 的階段性研究成果。

2　顏俊彥的居里載於〔清〕嚴辰編修：《光緒桐鄉縣志》（臺北市：成文出版社，1970年），卷11，〈選舉表〉，頁369上。顏氏的簡要傳記見同書卷15〈人物下〉，頁499下。又見盧學溥編修：《民國烏青鎮志》（上海市：上海書店，1992年），卷28〈選舉上〉，頁693下。

3　例如其時曾丁憂於廣東博羅縣老家的韓日瓚（1578-1635）即云：「雪矓顏公之為士於廣州也，廣之梟陶也。公才操神理，迥然獨異，甫釋鉛槧事爰書，嚴明堅正，兩造當前，立剖庭下對實，有實，無左證，色搞死，即有抵讕致辭，探情窮狀，詰鼠矢之投蜜，割雞腹而得粟，一郡詫為神君。他郡有疑獄，率移公就訊，讞詞如金科玉律，確不可易」。見〔明〕韓日瓚：〈《盟水齋存牘》序〉，載〔明〕顏俊彥著，中國政法大學古籍整理研究所據北京大學圖書館藏明刻本點校：《盟水齋存牘》（北京市：中國政法大學出版社，2002年），頁1。此外，當時也是因丁憂而留在廣州的盟友陳子壯（字集生，1596年至1647年），更深深仰慕顏氏撰寫爰書的妙筆：「而顏公推究其文章之微，以入於刑法，猶水之實而為冰，不雜於其故以致於其新」。見〔明〕陳子壯：〈《盟水齋存牘》序〉，載〔明〕顏俊彥著，中國政法大學古籍整理研究所據北京大學圖書館藏明刻本點校：《盟水齋存牘》（北京市：中國政法大學出版社，2002年），頁3。

牘，其中一大部分便被他以《盟水齋存牘》為題刊刻傳世。後來顏氏經「推知行取」程序提拔晉京等候陞遷風憲官職的時候，[4]卻疑因陳子壯（1596-1647）與崇禎皇帝（1628-1644在位）於王族任官問題上鬧翻而受牽連，以至仕途止步，棄職返鄉。在明亡前夕，顏俊彥重返南明官場；就在大廈將傾之際，適丁母憂而僥倖逃過國難。晚年他仍忠心擁護明朝，是個恥食周粟的遺民。由是之故，清初的浙江方志編者便將他的傳記歸為「隱逸」類。在顏氏八十以上高齡之時，[5]他或因與顧炎武（1613-1682）等江南志士共結驚隱詩社的緣故，捲入莊廷鑨明史案（1663）中，遭清廷囚禁以至身亡。[6]

　　大抵因為顏俊彥在崇禎朝的政治風雲以及明末清初的易代爭鬥中，只扮演較次要的角色，他的傳記便極少在現代的明清人物傳記詞典與索引中出現。直至二十世紀後期《盟水齋存牘》的北京大學藏明刻本被《中國善本書題要》收入，身為判牘作者的顏俊彥才受到初步的注意。[7]王重民以《光緒桐鄉縣志》所載的傳記來介紹這位晚明推官，以後絕大部分有關《盟水齋存牘》的研究，便逕引相同的史料來交代顏氏的生平。到一九九三年，葉顯恩的 "A note on the *Official Documents Preserved in the Mengshui Studio (Mengshui chai ts'un-tu)*" 講述藏於福建廈門大學圖書館的《盟水齋存牘》抄本情況[8]，而濱島敦俊的〈明代の判牘〉則描述重新在北京大學圖書館

4　明代中晚期推行「推知行取」對地方官員陞遷及法律知識傳播的影響，見Tam Ka-chai, "Favourable Institutional Circumstances for the publication of Judicial Works in late Ming China," *Ètudes chinoises* XXVIII « dossier droit » / special issue on "Chinese Law" (2009, Paris), pp. 51-71。

5　有關顏俊彥的壽數及早年生活片段，參〔清〕張炎貞編修：《烏青文獻》（1688年刊，現藏上海圖書館善本書庫，線普801906-13，共八冊），卷5，〈叢譚〉，頁4。

6　謝國楨：〈顧炎武與驚隱詩社〉，載氏著《明末清初的學風》（上海市：上海書店，2004年），頁 171-173、180。又見〔清〕沈彤編修：《震澤縣志》（臺北市：成文出版社，1970年），卷38〈舊事〉，頁1365-1366；〔清〕楊鳳苞，〈書南山草堂遺集後〉，載氏著《秋室集》（上海市：上海古籍出版社，2002年），卷 1〈文〉，頁10上-11上。

7　王重民：《中國善本書提要》（上海市：上海古籍出版社，1983年），頁163-164。

8　Ye Xian'en, Long Darui (trans), "A note on the *Official Documents Preserved in the Mengshui Studio (Mengshui chai ts'un-tu)*," in *The Gest Library Journal*, vol. VI, no.1 (Spring 1993). 葉

「發現」本書明刻本的過程；[9]這兩篇幾乎同時出版的論文，正式將這批顏俊彥任職廣州時所作的判牘資料介紹給史學界。北京中國政法大學古籍整理研究所，在二〇〇二年時更據上述北大藏明刻本點校出版了《盟水齋存牘》，使這部潛身書庫的古籍化身千百，成為現代其中一部流通最廣、由單一法官所編寫的傳統中國判牘。[10]因此，顏俊彥其人憑藉其書《盟水齋存牘》在法制史上的重要性，漸漸成為值得深入瞭解的歷史人物。[11]

　　不過，從前的忽略及粗糙的考證，使近人對顏俊彥的生平所知有限，現

顯恩將是篇中文版本以〈晚明珠江三角洲區域情態的忠實記錄v《盟水齋存牘》簡介〉為題刊於氏著《徽州與粵海論稿》（合肥市：安徽大學出版社，2004年），頁 343-349。

9　〔日〕濱島敦俊：〈明代の判牘〉，載〔日〕滋賀秀三編《中國法制史基本資料の研究》（東京：東京大學出版會，1993年），頁528-531。濱島氏指出《盟水齋存牘》的廈門抄本，缺去了一刻的第六至十三卷。此外，抄本亦未如北大刻本般載有〈李樂引〉。

10　中國政法大學古籍整理研究所點校出版的《盟水齋存牘》，初版印數高達三千（見〔明〕顏俊彥著，中國政法大學古籍整理研究所點校，《盟水齋存牘》，版權頁），多於近年其他各部印數二千或以下的明代判牘。例如楊一凡、徐立志（主編）之《歷代判例判牘》（北京市：中國社會科學出版社，2005年），印數便只有三百。

11　除上引濱島敦俊、葉顯恩，以及筆者等一系列討論《盟水齋存牘》的論著外，近年知見討論或引用此判牘者計有：童光政，《明代民事判牘研究》（桂林市：廣西師範大學出版社，1999年）；吳豔紅：《明代充軍研究》（北京市：社會科學文獻出版社，2003年），頁93-97；于志嘉：〈營（田）辭及盟水齋存牘中有關明代衛所軍戶資料選讀〉，論文發表於中央研究院歷史語言研究所法制史研究組主辦的「審判：理論與實踐」研討會（2004年2月）；施洪道：〈明代州縣政府審理刑事案件職能初探〉，《零陵學院學報：教育科學版》第2卷，第2分冊（2004年），頁 37-39；程維榮：〈盟水齋存牘及其反映的晚明繼承制度〉，載張伯元編《法律文獻整理與研究》（北京市：北京大學出版社，2005年），頁178-191；〔日〕井上徹：〈明末廣州的宗族——從顏俊彥《盟水齋存牘》看實像〉，《中國社會歷史評論》（天津市：天津古籍出版社，2006年），冊6，頁21-32；徐忠明：《眾聲喧嘩：明清法律文化中的複調記敘事》（北京市：〔北京〕清華大學出版社，2007年）；錢娜：《試論明代晚期廣東立嗣制度的現狀——以《盟水齋存牘》為依據》（重慶市：西南政法大學碩士論文，2007年）等等。整體而言，有關明代判牘的研究數量仍少；而除了在上世紀九十年代以前被誤以為是「現存唯一的明代判詞專集」的《折獄新語》外（見華東政法學院法律古籍整理研究所〔點校〕：《折獄新語注釋》〔長春市：吉林人民出版社，1989年〕，〈前言〉，頁1），暫時仍沒有其他明代判牘，比《盟水齋存牘》獲得數量如此之多的當代學者注意。

有成說更是錯漏百出。本章的首要目的，便是澄清錯誤、填補遺漏，將顏俊彥生平還原於他的時代之中。此外，透過相關的考證，更對《盟水齋存牘》的成書、序引的時地，甚至判牘的性質有確切的掌握。最後，從顏俊彥刊刻《盟水齋存牘》的個案，嘗試尋索一些個人獨著的判牘在晚明湧現的端倪，尤其留意刊刻此類官文書與仕進的關係。

二　顏俊彥收降鄭芝龍的傳說

在王重民的影響下，近人最常引用的顏俊彥傳記即為清人嚴辰在一八八七年編纂刊行的《光緒桐鄉縣志》。該志雖以編輯嚴謹和旁徵博引見稱，然而有關顏俊彥生平的不少重要資訊皆見遺漏，而且傳中特意補入的一些以前方志未見的片段，更是誤導甚至是子虛烏有的。例如下文將詳細論證的收降海盜鄭芝龍（1604-1661）故事，[12]以及顏俊彥於庚午年被革職的記述，就是傳播最廣而又錯謬最顯的訛誤。前人研究既輕率迻引這筆問題史料，自然對顏俊彥一生的履歷產生以訛傳訛的誤解。

《光緒桐鄉縣志》先述晚明時候海商入港即向廣州高官送禮為當時常例，接著敘說顏俊彥甫於廣州任職推官（1628），便有富商欲以一珍珠寶塔賄賂他，卻遭他斷然拒絕。可是，顏氏的上司熊文燦（1607年進士，死於1640年，崇禎初年時任福建巡撫）[13]卻垂涎這座寶塔，亟欲據為己有。只是經他明示暗示下，顏俊彥仍是堅持不肯代為收禮，甚至出言嘲諷，使得熊文燦惱羞成怒，便委派這位清廉耿直的推官去執行「不可能的任務」：收降桀驁不馴的海盜頭目鄭芝龍。

其實明廷早於一六二五年時已向鄭氏勸降，只因當時芝龍弟芝虎（死於1635年）執意反對而不能成事。鄭氏兄弟後來在一六二七年十月十三日，便

---

12 鄭芝龍傳記見Swisher, Earl, "Cheng Chih-lung," in Hummel, Arthur W. (ed), *Eminent Chinese of the Ch'ing Period* (Taibei: SMC, 1991), vol. 1, pp.110-111.

13 〔清〕談遷：《國榷》（臺北市：鼎文書局，1976年），卷89，頁5423。

經熊文燦對明政府投降，可是當時各種史料皆未載他們甘心輸誠的原因。[14]
而《光緒桐鄉縣志》所引的資料似乎填補了這段空白，把成功降伏強盜鄭芝
龍的功勞盡歸顏俊彥名下：

> 〔顏俊彥〕既至芝龍所，海舟數千，大陳兵衛，盛氣迎人。少頃，布
> 席，出諸姬行酒。公故不飲，竟斬姬。公笑曰：「王敦（266年至324
> 年）賊臣，尚不屈於石尉（石崇，249年至300年）。[15]僕奉王命而來，
> 豈能以此相動耶？」芝龍慚謝，竟就撫。文燦深悔之。

熊文燦報怨不成，反讓顏氏立下大功，自是深深悔恨。[16]然而，這些繪聲繪
影的片段卻恐非史實。此收降海盜鄭芝龍的故事不是《光緒桐鄉縣志》新
創，大概是明末清初創作於桐鄉一帶的傳說，最早應收錄於一七四二年刊行
的《嘉禾徵獻錄》，也就是嚴辰等徵引的主要史料來源。不過，《嘉禾徵獻
錄》版本的故事並無說明顏氏獲熊文燦委派任務的原因，也沒有交代他招降
鄭氏的時間與結果。[17]所以有關熊文燦公報私仇的論述，以及顏俊彥的勇氣
令鄭芝龍折服的功績，恐怕只是《光緒桐鄉縣志》編者所杜撰。[18]此外，熊
文燦在崇禎伊始仍是福建巡撫，要到一六三二年才轉任兩廣總督，前此顏氏

14　見〔清〕談遷：《國榷》（臺北市：鼎文書局，1976年），卷 89，頁5456；〔清〕谷應
　　泰：《明史紀事本末》，載《臺灣文獻叢刊》（臺北市：臺灣銀行，1959年），冊 35，卷
　　76；〔清〕計六奇：《鄭芝龍小傳》，載《臺灣文獻叢刊》（臺北市：臺灣銀行，1959
　　年），冊148，頁518-520；《崇禎實錄》（臺北市：中央研究院歷史語言研究所，1962
　　年），卷1，頁36。

15　此故事見〔南朝宋〕劉義慶編，余嘉錫注：《世說新語箋疏》（北京市：中華書局，1983
　　年），卷30，頁877。

16　〔清〕嚴辰編修：《光緒桐鄉縣志》（臺北市：成文出版社，1970年），卷15，〈人物
　　下〉，頁499下。

17　〔清〕盛楓：《嘉禾徵獻錄》，載《續修四庫全書・史部》（上海市：上海古籍出版社，
　　1995年），冊544，卷36，〈紀聞類編〉，頁661下-662下。

18　例如在《民國烏青鎮志》的顏俊彥傳記中（卷28〈人物上〉，頁694上），那些來自《嘉
　　禾徵獻錄》的資料是以細字列出，分開處理的。

未嘗歸其統管。再者，如果顏俊彥真的在崇禎初年招降鄭芝龍一事上建有奇功，《盟水齋存牘》那些撰寫於崇禎初年的序言，又怎可能對這個壯舉隻字不提呢？

雖然顏推官招降鄭芝龍的片段並不可信，但這傳說反映了兩個可能性：一、熊文燦任職廣東後或派遣顏俊彥作特使，招諭早在一六二八年投誠的鄭芝龍。二、顏俊彥與熊文燦在一六三二至一六三三年共事廣東期間，關係應不太和諧。至於這個故事為何會在明末清初於桐鄉一帶流傳，此中應有顏俊彥仕進的實際原因，將在後文詳論。

三　庚午充本省同考被論革職？

除了收降鄭芝龍的傳說外，《光緒桐鄉縣志》還收錄另一條問題更大的記載，就是顏俊彥任職廣州府推官時，於「庚午充本省同考被論革職」。後人廣泛引用這條問題資料，認定顏俊彥在崇禎庚午（三年，1630年），因監督廣東省鄉試得罪上司而丟官；所以《盟水齋存牘》所載的案件，亦只是發生在崇禎元年至三年之間。[19]可是，如果顏氏真的在崇禎三年被論革職，為何在《盟水齋存牘》內還有崇禎四年、五年甚至更晚的案件？這部判牘被近人反覆引用甚至點校出版，而這個明顯不過的矛盾卻無人認真解答，以致對顏氏生平及判牘的時間多有曲解，實在不能不教人扼腕嘆息。

這段被論革職的記載，其實未見於康熙（1662-1723）及嘉慶（1796-1821）版本的《桐鄉縣志》以及其他較早出史料中的顏俊彥傳記之內；與收降鄭芝龍的傳說一樣，它最早的出處也是《嘉禾徵獻錄》。[20]當然，晚出並不

19　〔清〕嚴辰編修：《光緒桐鄉縣志》（臺北市：成文出版社，1970年），卷15，〈人物下〉，頁499下。認定顏俊彥於崇禎三年丟官的近人研究，包括前揭葉顯恩、〔日〕濱島敦俊的論文，以及中國政法大學古籍整理研究所對《盟水齋存牘》的介紹等等。〔日〕井上徹的〈明末廣州的宗族——從顏俊彥《盟水齋存牘》看實像〉，則是唯一不把顏氏離職時間訂為一六三〇年者。不過他卻以為《盟水齋存牘》是成書於崇禎五年（1632）的，而內中案件則只發生在崇禎元年至四年之間。

20　〔清〕盛楓：《嘉禾徵獻錄》，載《續修四庫全書·史部》（上海市：上海古籍出版社，

代表不可信，只是就算這條史料反映事實，在斷句解讀時卻出現了極大的誤解。如果「庚午充本省同考被論革職」被看作單一句子，便有顏俊彥一六三〇年丟官的意思。然而，這段文字也可被斷成「庚午充本省同考。被論革職」兩句。假設顏氏一生中真的經歷被論革職，也不必因為庚午充同考之故，它們可以是兩件獨立的事件。從下文的論證可知，前一個解法是必然錯誤的。

　　至於這個誤讀的產生，卻又基於近人對顏俊彥在《盟水齋存牘》的〈自序〉中自述「待罪廣李」一辭有所誤解而致。[21]「待罪」這套語只是傳統中國官員對被委官職的自謙之辭，而非真的是有罪之身。故此「待罪廣李」是指「誠惶誠恐地任職廣州府推官」。近人既以為顏官在崇禎三年遭革職，而卻又在四年除夕前二日（1632年2月28日）仍在廣州官衙的盟水齋內撰寫自序。為化解矛盾，有論者便將「待罪廣李」解釋為「在廣州府推官任上等待罪行判決」。[22]這明顯是置顏俊彥時代的官場文化於不顧，將錯誤建基於錯誤之上。

　　《盟水齋存牘》分一、二兩刻等前後兩批案例。一刻主要收入顏俊彥於崇禎元年至三年（1628-1630）在廣州府推官，以及其他署任官職上審理案件的判牘，但也有少許崇禎四年的案件。[23]至於二刻所載的判牘，則完全是顏俊彥第一次三年考滿之後所處理的案件，皆發生在崇禎四年至六年之間（1631-1633）。以下數項，就是有關二刻時間的證據：

1995年），卷36，〈紀聞類編〉，頁662下。大抵因為這段記載不可靠，〔清〕李廷輝編修：《嘉慶桐鄉縣志》（清刊本，現藏上海圖書館善本書庫，索書號 014845），卷 7，〈列傳〉，頁72下，以及〔清〕許瑤光編修：《光緒嘉興府志》（上海市：上海書店，1993年），卷 61，〈桐鄉孝義〉，頁880下的顏俊彥傳記，皆無收入顏俊彥革職的訊息。

21　〔明〕顏俊彥：〈自序〉，載《盟水齋存牘》（北京市：中國政法大學出版社，2002年），頁7。

22　Ye Xian'en, Long Darui (trans), "A note on the *Official Documents Preserved in the Mengshui Studio (Mengshui chai ts'un-tu)*", p.58及〔日〕濱島敦俊：〈明代の判牘〉，載〔日〕滋賀秀三編《中國法制史基本資料の研究》（東京：東京大學出版會，1993年），頁528-529。

23　參《盟水齋存牘》（北京市：中國政法大學出版社，2002年），頁28-30。

一、顏俊彥在二刻中處理了抄沒袁崇煥（1584-1630）家產的案件。袁氏早於一六三〇年九月二十二日，因謀反罪名被崇禎皇帝以凌遲處死。[24]任署理廣州知府的顏官於「詳袁崇煥家產並流徙地方」中，自述「奉旨藉沒將有一年」。[25]因此，這詳語必然撰寫於一六三一年的後半段。

二、在「盜馬何瑞真等」一案中，顏推官指出此案原是發生於「去年閏十一月十三夜」的。[26]查崇禎時期有閏十一月的年分，就只有崇禎四年（1631），所以此案必然審理於崇禎五年（1632）。將上述兩案合併在一起看，則《盟水齋存牘》二刻的案件皆發生於一六三〇年以後，也表示崇禎五年時顏俊彥仍在廣州府推官的任內。

三、此外，與顏俊彥關係可能欠佳的兩廣總督熊文燦，也曾覆審顏氏上呈的案件，所以熊氏對案件的批語也成為二刻的時間證據。在一刻中覆審案件的兩廣總督姓王，應就是一六二八年至一六三〇年在任的王尊德。而在二刻中另一寫批語的王姓總督則是王業浩。他的任期始自一六三一年，期間曾參與鎮壓粵東的鍾國相之亂。不過他旋即在一六三二年六月因丁母憂而離任。而熊文燦的批語是在二刻中才開始出現的。[27]按熊氏於一六三二年三月至一六三七年五月間任兩廣總督，[28]他的批語不可能早於他的任期。

四、顏俊彥在二刻的「詳請禁止差役守提」中，痛批委派府縣差役下鄉之弊。他在文中透露「職待罪省刑五閱歲，又視府篆兩餘年，每年經手完案不下千餘件，未嘗差一守提。蓋深見此弊，有斷斷不可者。」由是可知當時他任職廣李已足足五年，當中更有兩年多身兼署任知府。顏氏在崇禎三年即被革職之說，視此即不攻自破了。

24 〔清〕談遷：《國榷》（臺北市：鼎文書局，1976年），卷91，頁5544。

25 《盟水齋存牘》（北京市：中國政法大學出版社，2002年），頁462-463。

26 《盟水齋存牘》（北京市：中國政法大學出版社，2002年），頁681-682。

27 見《盟水齋存牘》（北京市：中國政法大學出版社，2002年），頁503-504、580-581、599及732-733等。

28 詳參〔清〕吳廷燮：《明督撫年表》（北京市：中華書局，1989年），冊2，頁669-670。

五、除了《盟水齋存牘》的內證外，在明末編年史料《崇禎長編》中，載有
廣東巡按御史高欽舜在一六三一年八月表彰顏俊彥等廣府官員鎮壓鍾國
相之亂功勳之奏章。[29]及後於一六三二年三月五日，廣東按察使朱之臣
也上章嘉許以顏俊彥領銜的一眾廣東官員的平亂之功。[30]此證顏氏在崇
禎六年（1633年）上京之前，於廣州推官位上一直任職無礙。因此《盟
水齋存牘》的二刻所收集的，便是顏俊彥於崇禎四年至六年間任職廣東
的官文書了。

　　顏俊彥既無在庚午年丟官，那麼如果他真的曾「被論革職」，又會是什
麼樣的一回事呢？顏俊彥任職廣東後旋即與丁憂在鄉的嶺南文壇領袖陳子壯
相善。他更在主持府試時將子壯幼弟陳子升（字僑生，1614-1675）提拔為
榜首。[31]另一方面，如在引言所云，陳子壯十分仰慕顏俊彥的文風，[32]甚至
他家族多人大抵都成了顏官的門生。[33]子壯不單詳加點評顏俊彥另一著作
《顏彥叔先生聯捷合稿》，甚至於一六二九年左右出資將這部制藝文集以家
刻在廣東出版；陳氏後來也為《盟水齋存牘》寫序。兩人深厚的關係或使顏
俊彥在廣東長袖善舞。不過針無兩頭利，後來復任禮部尚書的陳子壯，在一

---

29 《崇禎長編》，卷48，頁2821-2822。

30 《鄭氏史料初編》，載《臺灣文獻叢刊》（臺北市：臺灣銀行，1962年），冊157，卷1，
　　頁25。

31 〔清〕薛始亨：〈陳喬生傳〉，載〔清〕陳子升：《中洲草堂遺集》（臺北市：新文豐出版
　　社，1989年，《叢書集成續編》），冊151，頁 272上-274上。另見《清史列傳》（北京
　　市：中華書局，1987年），冊18，卷70，〈文苑傳一〉，頁5699。

32 見〔明〕陳子壯：〈顏公聯捷稿序〉，載〔明〕顏俊彥：《顏彥叔先生聯捷合稿》（善本藏
　　東京日本國立公文書館：豐後佐伯藩主毛利高標本：內閣文庫 314-96，共4冊）卷首。
　　此序寫於一六二九年冬。

33 在《顏彥叔先生聯捷合稿》的自序中，顏俊彥將協助文集出版的廣東門生全部列舉出
　　來。從他們的名稱可見，當中一大部分屬陳子壯的同輩親屬：陳子履、陳子巽、陳子復
　　及陳子豐。他們均為南海縣人。而其他南海的門生包括：馬養初、林廷翰、吳繼志、謝
　　宗章、姚啟璧與彭昌翰。此外，尚有番禺人高爾名及香山人何伻道。其中只有陳子復及
　　陳子履後來得貢生身分，而後者最後成為知縣，見〔清〕郭爾忼編修：《康熙南海縣志》
　　（北京市：書目文獻出版社，1992年），卷5，〈選舉志〉，頁521下-522下。

六三五年（崇禎八年）因極力勸阻崇禎任用王室為官，被這位多疑的末代皇帝革職為民。[34]而原來以「推知行取」入京候職的顏俊彥，在當年即已回歸故里，恐怕是受了他盟友的牽連吧。

四 《盟水齋存牘》各篇序文的寫作時地

在論證有關顏俊彥生平的重要謬誤後，下文將整理涉及《盟水齋存牘》成書及刊布的事件與日期，[35]而首要的工作就是考證各篇序引並弄清它們的撰作時地。其實，王重民早已指出在《盟水齋存牘》的八篇序引之中，只有時任鄰郡肇慶知府的姻親陸鏊（1625年進士，其書序日期為壬申季夏望，即1632年7月31日）和給諫盧兆龍（1622年進士，其序日期為壬申端陽日，即1632年6月22日）的兩篇序，以及顏俊彥的自序識有日期。[36]要找出餘下六篇的時地線索，則需要應用兩種不同的方法。第一種方法針對韓日瓚及何吾騶（1619年進士）的兩篇序文，它們都是未記時地但詳列了作者撰寫時的各種官職的。由於兩人都是中央大僚，明末清初的史料多載他們的仕歷。只要清查比對兩人所列官職的任免日期，便可找出他們寫序的大概時間了。按韓日

---

34 〔清〕談遷：《國榷》（臺北市：鼎文書局，1976年），卷94，頁5719-5720。

35 上述考證點出了近人對顏俊彥生平的重要誤解之處，而誤會的源頭則在於引用了十分疏失的《光緒桐鄉縣志》。要建構可靠的顏俊彥傳記，便須徵引其他較稀見但更可靠的史料了。因為顏俊彥在明亡後遷到出生地石門附近的烏青鎮，故此有關他的生平資料，也可在烏青鎮的文獻內找到。早在一六八八年由張炎貞編修的《烏青文獻》，即收入了不少他處未見的顏氏詩文，而且更載有詳盡的顏俊彥傳記，內中資料多為後來的方志所缺載。此外，《民國烏青鎮志》也提供了不少有關顏俊彥家族及文藝活動的獨有訊息。再者，前述《顏彥叔先生聯捷合稿》的多篇序文，亦保留了顏俊彥早年生活的重要片斷。而顏俊彥家譜《顏氏家譜》的孤本就藏於上海圖書館的家譜館藏中（索書號JP1257），對認識這位推官的家族關係極有幫助。由於顏氏一門篤信佛教，不少他和家人的佛事，也載於明末清初的佛教典籍之中。最後，《盟水齋存牘》的序引，原來也明明白白地展示了不少被忽略的顏氏生平資料，只要小心爬梳，即能與上列資料共譜可信而完整的顏俊彥傳記。

36 見王重民：《中國善本書提要》（上海市：上海古籍出版社，1983年），頁163-164。

瓚所列的官職，包括「禮部尚書兼翰林院學士、協理詹事府事、三朝實錄副總裁、前管理誥敕經筵日講官」。[37]韓氏在一六三二年十月十四日任禮部尚書，而在一六三三至三四年（崇禎六年）間重新任職經筵日講官[38]，故此序文應成於一六三二年十月至一六三四年初之間。韓氏在文中更指出在寫序時顏俊彥給他看的版本是「累三年得如干帙，授之梓」，即當時只有一刻而已，而二刻或在他得韓序後始在京師刻版。至於何吾騶寫序時的官職包括「日講官、嘉議大夫、詹事府詹事、兼翰林院侍讀學士、協理府事知起居注纂修三朝實錄」。[39]因為他沒有列出在一六三三年十二月一日獲任的禮部尚書官職，此序必早於當日寫成。[40]又，何氏在文中提到寫序時他「惟自居長安六載」，按他於一六二八年二月二十日始獲任京官，[41]故此序文必於崇禎六年寫作無疑。另外，由於兩人皆身在中央任上，他們的序文也就寫於北京，正值顏俊彥因「推知行取」而待在京師候見崇禎皇帝之時。

　　第二種方法則要靠佛教史料《光孝寺志》了。晚明士人多崇信佛教，而與明代禪宗大師憨山德清（1546-1623）淵源深厚的顏俊彥，[42]更與廣東的文壇領袖到廣州名剎光孝寺舉行了一次「訶林雅集」聚會。他們於寺中訶林行酒令時所賦的詩文，便被收錄在該寺的山志之中。陳子壯在〈訶林雅集序〉中說到「盧給諫〔兆龍〕適皇華遇里」，即他是在出使外地途中路過家鄉。

37　〔明〕韓日瓚：《《盟水齋存牘》序》，《盟水齋存牘》（北京市：中國政法大學出版社，2002年），頁1。

38　〔清〕談遷：《國榷》（臺北市：鼎文書局，1976年），卷92，頁5596。另見〈韓日瓚傳〉，載博羅縣志辦公室編：《博羅縣志》（惠州市：博羅縣志辦公室，1988年），頁517。

39　〔明〕何吾騶：《《盟水齋存牘》序》，《盟水齋存牘》（北京市：中國政法大學出版社，2002年），頁3-4。

40　〔清〕談遷：《國榷》（臺北市：鼎文書局，1976年），卷92，頁5619。

41　〔清〕談遷：《國榷》（臺北市：鼎文書局，1976年），卷89，頁5414。

42　顏俊彥與其父學易，並其同窗好譚貞默俱以弟子禮侍憨山德清，詳〔明〕憨山德清著，〔清〕譚貞默注：《憨山老人年譜自序實錄》（北京市：北京圖書館出版社，1999年），頁447-455。

序中沒說年分，只述「春四月」。[43]然而從聚會中無廣府知府及崇禎四年離任的番禺知縣孫曰紹也有出席可知，此時當為崇禎四年，即是一六三一年五月。[44]而盧兆龍在翌年端陽日才為《盟水齋存牘》寫序，大概就是在回程經廣州的路上為之。在同一文會出席的御史郁成治、廣州同知丁惟謹等未獲邀為《盟水齋存牘》寫序，大有可能表示雅集之時顏氏仍未計畫將《盟水齋存牘》刊刻出版，以致這些友人不是已回京覆命就是調遷他方，未能助顏推官一臂之力。

此外，因為陳子壯的《盟水齋存牘》序文說明他時在廣州，「亦不峕在郡也」[45]，而他當時又未領任何官職，故文章應於一六三二年後期他回京擔任詹事府少詹事以前寫成的。[46]序中沒有如一六三二年的盧陸二序般，說到《盟水齋存牘》已刻印出來，以及顏俊彥有晉升風憲的機會，但卻又提到這位廣府推官已將《盟水齋存牘》（當時只有一刻）送匠人刻版，因此陳序必早於盧陸二序；而刊刻計畫業已成形，也表示陳序撰寫於「訶林雅集」的聚會之後。

至於東莞王應華（字崇閣，1628年進士）的序文，則應比陳序更早，因為這位在崇禎元年會試時與同榜顏俊彥共組文社的廣府文士，並無像陳子壯般提及顏官有將判牘刊刻之意。而且與其他較晚出書序的作者不同，他沒有提到或引用顏俊彥撰寫的自序。[47]由是觀之，此序應為《盟水齋存牘》最早的序文。而王氏未有出席「訶林雅集」，大抵於此前已離粵任職，故其序文似早於一六三一年五月。

---

43 見顧光編：《光孝寺志》，收入《中華佛寺志彙刊》（臺北市：丹青圖書，1985年），卷10〈藝文志〉，頁277-278；卷 11，〈題詠志上〉，頁283-285及卷 12，〈題詠志下〉，頁341。

44 見〔清〕王永瑞編修：《新修廣州府志》（北京市：書目文獻出版社，1988年），卷19，〈官師表〉，頁415上。

45 〔明〕陳子壯，〈序〉，《盟水齋存牘》（北京市：中國政法大學出版社，2002年），頁3。

46 〔清〕徐信符：〈陳文忠公行狀〉，載〔明〕陳子壯，《禮部存稿》（上海市：商務印書館，1946年）。

47 〔明〕王應華：〈《盟水齋存牘》序〉，《盟水齋存牘》（北京市：中國政法大學出版社，2002年），頁5。

　　那些在一六三二年或以後寫成的序文，反映了顏氏在兩任廣府推官時表現優秀，已從地方職位提陞至「中承大夫御史臺」，即透過「推知行取」大有機會晉陞到都察院的御史職位。如果不是受盟友陳子壯的牽連，這位推官的仕途當更上層樓。不過世事豈能盡如人意，在清初時顏氏寫詩回憶他在京師時的傷痛經歷時，說到：「入宮見妬渾無色，何似書幃淡可尊」；[48]似乎他受到了其他官員猛烈的參劾。他旋即回歸故里，並在一六三五年為祖父顏大化（字子誠，1520-1598）在桐鄉所建的正法庵重新粉飾，捐田獻地。[49]

五　〈李樂引〉？

　　《盟水齋存牘》在〈自序〉前最後一篇的序文，是叫人希奇的〈李樂引〉。[50]李樂（1535-1621）的文章，乃是為圍繞「子誠之子光祿君」在甲戌（1614年）之冬的「生姬事」所作詩文集而撰的序引。我們暫未知生姬事的內容，但從文中的人物關係可知，此事與顏俊彥並無直接的關係。

　　如果不知顏大化的生平及顏俊彥的家族關係，遽看上去便會以為顏俊彥就是那位光祿君了。可是細考上海圖書館藏《顏氏家譜》的世系表，即知顏大化其實是顏俊彥的祖父，而大化之子學易（字心源，號生生、生之）才是俊彥的父親。學易一生並無功名，但因捐獻朝廷而獲光祿寺良醞署丞的榮譽職位，故此〈李樂引〉中的那位「予輒以小友呼之，每遇從竟日，振袂而談，慷慨有丈夫氣」的光祿君，自為顏學易無疑。另一方面，雖然地方文獻缺載李樂的生卒，但綜合他的傳記資料，就可知他於一六二一年即以八十六歲高齡辭世。[51]早已作古的李樂，又怎可能為顏俊彥於一六三二年或以後成

48　〔清〕張炎貞編修：《烏青文獻》（1688年刊，現藏上海圖書館善本書庫，線普801906-13，共八冊），卷5，〈隱逸〉，頁4下。

49　盧學溥編修：《民國烏青鎮志》（上海市：上海書店，1992年），卷14，〈鄉村〉，頁488下。

50　〔明〕李樂：〈引〉，《盟水齋存牘》（北京市：中國政法大學出版社，2002年），頁7。

51　李樂於一五六八年進士，此後兩度出仕，廁身政壇共十年時間，期間討了三年假期回鄉侍奉患病母親。故此由進士到致仕之間，共歷十三年。李樂隨後鄉居四十載，樂善好

書的《盟水齋存牘》寫引呢？此外，查《盟水齋存牘》的北京大學藏明刻本原書，即發現此引數頁的版面較全書其他書頁大上約四分之一，而且更無全書其餘皆有的行格。再加上廈門大學藏明抄本中並無附入這篇引，更可肯定〈李樂引〉起初原未附入《盟水齋存牘》之中；而且顏俊彥原來刻書之時，似無附入這引的意思，否則全書早會以〈李樂引〉的版式為準。另一方面，如果該引為偽托的後出之文，則其版式當與《盟水齋存牘》全書相一致。綜合上述證據，為顏學易生姬事而寫的〈李樂引〉，是在《盟水齋存牘》後來再版之時，才由顏俊彥或其出版代理人臨時拼湊而加入的新元素。

這篇硬套進書中的短文，乍看雖使人陷入丈八迷霧之中，卻又為《盟水齋存牘》的出版及流傳提供了獨有的訊息，有助於後人理解顏氏將判牘再三出版的苦心，亦使我們更明白晚明判牘結集出版的部分原因。原來六位的序言作者都是廣東地方的大人物，當判牘初次在廣東出版，或只在廣東藉官員與顏氏的交遊圈中流傳時，似乎已具有足夠的吸引力。不過，在崇禎九年或以前即已致仕還鄉的顏俊彥，如果要在家鄉浙江或江南一帶，再次出版這部只與廣東地方有關的《盟水齋存牘》，這批廣東名士的推薦文章，似乎未夠保證書籍的銷路與流傳。因此，由於引中大書顏家的善行及學易的正義感等道德質素，是十分籠統的讚許，李樂這位父祖的師友、桐鄉的善長名宿，便有被請出來扶掖後進的功能了。

那麼，既已賦閒在家的顏俊彥，為何要借助李樂的影響力，將其判牘在家鄉一帶再次出版呢？這一切似乎是為他於南明弘光朝廷（1644年後期至1645年）出仕而鋪路的。一六四四年八月三日，時任江南巡撫的祁彪佳（字虎子，1602-1645），推薦同為復社成員的顏俊彥出任南直隸松江府推官。[52]

施，得齡八十有六，也就是在進士後五十三年辭世，即為一六二一年。此外，按李樂享年八十六逆推，便知其生年應為一五三五年。參〔清〕嚴辰編修：《光緒桐鄉縣志》（臺北市：成文出版社，1970年），卷15，〈人物下〉，頁494下-495上。此外，方志載李樂最後的文章是〈壽聖橋碑〉，撰於一六一八年，故此他必逝於此年以後。見盧學溥編修：《民國烏青鎮志》（上海市：上海書店，1992年），卷39，〈著述下〉，頁878上。

52 〔明〕祁彪佳：《甲乙日曆》，載《臺灣文獻叢刊》（臺北市：臺灣銀行，1970年），冊279，頁46。

　　退職超過十年的顏俊彥如要證明自己勝任推官的工作，便沒有比自己的得意判牘《盟水齋存牘》更好的證據了。這證據流傳越廣，他的聲勢便越壯。

　　復社的身分既保證了江蘇士民的支持，李樂的讚許又表示顏家是浙江當地富有而行善的望族，而廣府的善政更使顏俊彥與廣東的地方領袖緊密相連。如果再將有關收降鄭芝龍傳說的發明合在一起看，則顏氏藉此更與福建及粵東的海軍力量連成一氣。要整合南方沿海各省分的明朝殘餘力量，捨顏俊彥其誰啊？大概因這幾重關係，祁彪佳便在一六四四年九月二日，力薦顏推官主持東南各郡士紳對有關供輸南京新朝廷問題的會議。[53]同年十一月十一日以前，顏俊彥便已重入仕途，在松江府推官任上接待到訪的祁彪佳了。[54]此後不久，他更被擢為中央官僚，任職工部營繕司主事。不過，這一切重新出仕的努力，皆隨俊彥於弘光政權崩塌前丁母憂而轉眼成空。[55]在國仇家難之後，他恥於出仕清朝，「隱居菁山，築菩提精舍，勤修白業」。[56]然而，顏俊彥與子顏祁（字子京）參加了集合明朝遺民志士的驚隱詩社，可見入清後他並非不問世事，卻因此種下被清廷清算的禍根。康熙丙午年（1666）顏俊彥在新朝治下與世長辭。[57]

53　《偏安排日事蹟》，載《臺灣文獻叢刊》（臺北市：臺灣銀行，1972年），冊301，卷4，頁80。

54　〔明〕祁彪佳：《甲乙日曆》，載《臺灣文獻叢刊》（臺北市：臺灣銀行，1970年），冊279，頁69。

55　〔清〕李廷輝編修：《嘉慶桐鄉縣志》（清刊本，現藏上海圖書館善本書庫，索書號014845），卷7，〈列傳〉，頁72下。另見〔清〕許瑤光編修：《光緒嘉興府志》（上海市：上海書店，1993年），卷61，〈桐鄉孝義〉，頁880下。

56　〔清〕嚴辰編修：《光緒桐鄉縣志》（臺北市：成文出版社，1970年），卷15，〈人物下〉，頁499下。

57　有關顏俊彥之卒年，見〔清〕張履祥：《楊園先生全集》（北京市：中華書局，2002年），卷38，頁1028-1029。因張氏對顏俊彥頗有意見，文中不直指顏氏原名，而稱之為「廣州推官某」。

六 小結

要全面瞭解《盟水齋存牘》所載案件的歷史脈絡，實有必要對顏俊彥的生平及有關判牘成書的事實有確切的認識。由於近人過分依賴《光緒桐鄉縣志》中有問題的顏俊彥傳記，以致對這位廣州府推官的生平出現了極大的遺漏與誤解。本章即以《盟水齋存牘》的內證及各種新見的史料，糾正了前人對顏氏生平的主要錯謬，並考證了《盟水齋存牘》所有書序的時地。有了較詳盡而可靠的顏俊彥生平，則可較準確地理解《盟水齋存牘》的內容。簡要言之，《盟水齋存牘》的一刻載有崇禎元年至四年初的案件；而是刻在崇禎五年以前即已在廣東刻印。而二刻則刻於崇禎六年（1633）顏推官於北京取得韓日纘及何吾騶的序言之後，內中所載的案件發生在崇禎四年至六年之間。

本章證實顏俊彥並未於廣州府推官任上被革職，故此《盟水齋存牘》的判牘肯定是由一位成功而正直的法官──而非失敗的貪官──所作的裁決。因為顏俊彥成功的推官仕歷，讓他撰寫的判牘可被視為反映晚明府推官官職，以及省級以下司法制度有效運作的可信史料。

此外，從《盟水齋存牘》兩刻最少兩次的刊印，可見出版判牘被晚明初仕的前線官員視為協助仕進的手段。《盟水齋存牘》首次刻刊的目的，是顏俊彥要在「推知行取」中，讓審理的官員甚至崇禎皇帝對他的司法表現有所肯定，以期可脫穎而出陞任御史官職。可是這次他沒有成功，更因「見妒」而落職還鄉。不過，隱伏在家的顏俊彥把握了弘光朝廷成立的契機，再接再厲地刻印他的得意判牘，並加入了〈李樂引〉等新元素，為復出政壇造勢。他旋即在這個短命政權中步步高陞，大抵反映了再次刊印《盟水齋存牘》，終於為他的仕進產生了一定的助力。要不是顏母突然去世以及弘光政權不堪一擊，說不定顏俊彥會成為更值得討論與記述的晚明顯要人物，便不需這篇文章為他因忽略而誤解的生平作出仔細的澄清了。

第六章
妙筆生花：李清的《折獄新語》

一　引言

　　晚明時期湧現出一批專供大眾消閒閱讀的司法判牘，透過真實的罪行與審判，在提供娛樂之餘，也讓百姓初步掌握法制的知識。清初時以研究前代南方割據政權享負盛名的史學家李清（字心水，號映碧，1602-1683），也曾乘此潮流於晚明崇禎四年至十年（1631-1637）任職寧波府推官之後，選輯了任內可讀性較高的兩百三十四件判牘，成《折獄新語》一書出版。是書乃此類以趣味招徠判牘的鼻祖之一。從今存印本的序可知，在李清的判牘出版之前，先借託浙江知名的通俗作家王思任（字季重，號遂東、謔庵、稽山外史、會稽外史，1575-1646）潤飾修訂，好讓全書更顯風趣好玩，以吸引廣大讀者。不過，雖則書中文字俏皮通俗，但所收案例卻並非杜撰，而是的的確確為李清寧波任內所處理過的真實案件。

　　這位撰寫《折獄新語》的李清，在清代中後期以來卻只以史學知名。他出身揚州府興化縣的官宦世家。在崇禎四年（1631）成進士後，即被任命為浙江寧波府推官，此後仕途一帆風順，而且更能自外於當時激烈的東林黨爭，克盡己職當敢言極諫的風憲官員，更在李自成攻入北京後迅速加入南明的弘光政權，且在朱姓皇朝壽終正寢後拒當貳臣，以史學著述反思當世的巨變，成就斐然。不過，李清的史學光芒太盛，令人忽略他在司法方面的工作表現。若非近年重新發現《折獄新語》這部重要的「風趣判牘」，李清對司法及法律文學的重要貢獻，想必會就此被世人遺忘了。

　　李清在晚明政壇非常活躍而且著述甚眾，《明史》中即有他的傳記。[1]清

1　〔清〕張廷玉等編：《明史》（北京市：中華書局，1976年），卷193，頁5120。

初徐乾學的《儋園文集》又有他的墓志，汪琬的《堯峰文鈔》更載其行狀，而且有關他的史料也常見於興化縣的地方志之中。到了現代，李清的傳記研究更是歷久常新的題目，在西方漢學鉅著《清代名人傳略》中，便收有杜聯喆撰寫的傳記，而且近代文獻學學者王重民，亦特地撰作〈李清著述考〉一文。[2] 不過，過往的傳記多集中記述他於入清後的史學成就，罕有提及他早年的生活及在晚明初仕時的司法工作，本研究即在地方志及《折獄新語》等史料的基礎上，重新整理他的傳記，並突顯李清在史學以外的重要成就。

二 李清的家世

李清出身書香世家，其先祖李秀為南京句容縣人士，渡長江而立足於興化；爾後秀生旭，而旭又生鏜。鏜生李清的高祖父李春芳（字子實，號石麓，1511-1585），於一五四七年殿試中高中狀元。經過幾任成功的職事，李春芳在一五六八至一五七一年間任隆慶皇帝（1567-1573在位）的內閣大學士，位極人臣，直至因受同僚張居正攻訐才下臺。雖則政敵在其行政能力上大造文章，但他們卻無法挑剔李春芳的廉潔。在退居回鄉後，李春芳家無餘財，可見他雖任京中大吏，而生活卻始終廉讓儉樸。此堅持清廉的庭訓為他的後代一直遵守，卻也使李氏未能如其他名宦家族般富有。

在仕宦生活以外，李春芳也積極參與晚明的心性講學。不少同時代的思想家，如王陽明、湛若水等人都對他深有影響。而陽明的門生王艮（1483-1541）所開創的泰州學派，[3] 更大大形塑了李氏的思想。泰州提倡百姓日用即道、人人皆可成聖等主張，不講求窮經求道，很受普羅大眾的歡迎。[4] 在

2 王重民：〈李清著述考〉，《圖書館學季刊》第2卷第3期（1928年），頁333-42。在二〇一〇年張曉芝為王重民列舉的李清著述，作出較重要的增補，見張曉芝：〈李清著述補考〉，《西南交通大學學報（社會科學版）》第11卷第4期（2010年），頁19-25。

3 Goodrich, L. Carrington and Yang Chin-yi, "Li Ch'un-fang," Goodrich, L. Carrington and Fang, Chaoying (ed), *Dictionary of Ming Biography, 1368-1644* (New York: Columbia University Press, 1976), vol.1, p.818.

4 Miles, Steven, "Taizhou xuepai", Yao Xinzhang(ed), *RoutledgeCurzon Encyclopedia of Confucianism* (London: New York, 2003), p.595.

此家學淵源下，春芳的子孫李清，在其判牘的撰述及出版的選材上都見到泰州的痕跡，而且也很合大眾讀者的口味。

身居高位令李春芳可蔭子入官，其次子李茂材因而被選為光祿寺少卿。此後茂材子思誠（字次卿，號碧海，1598年進士），更在一六二六年晉身禮部尚書。[5]李思誠應是孫兒李清欽佩的楷模，此從李清自號映碧——即映照其祖父的「碧海」——可見一斑。李思誠的科甲表現比起先祖亦不算遜色，在進士後考選為翰林院庶吉士，此後便在西南地區任巡按御史，再被召回北京任職禮部。他卻只當了三個月的禮部尚書，按《明史》的說法，箇中主因是他與權宦魏忠賢（1568-1627）過從甚密。[6]不過，據思誠家鄉《康熙興化縣志》的記載，情況卻恰恰相反：思誠乃因反對魏忠賢而被逐。為清算李思誠，魏忠賢在一六二七年誣他收取三千兩白銀的賄賂，入罪後更向這廉吏家中追贓，如此便讓其鄉人義憤填膺，特書入方志中記其荒謬。魏閹於崇禎皇帝（1627-44在位）登位時倒臺，思誠即被起復，然而他竟於沉冤得雪時逝世，未及再展抱負。[7]

李清之父李長祺娶妻姜氏而生有兩子，次子即為李清。[8]長祺是興化縣學生，在當地頗有文名[9]，不過卻在李清六歲時過世。照顧李清兄弟的重任，便落在伯父李長敷（字維凝）的肩上。[10]

在李清成長期間，除了喪父之痛外，他的家族也一直因祖父被追贓以及

5　Goodrich, L. Carrington and Yang, Chin-yi, "Li Ch'un-fang," Goodrich, L. Carrington and Fang, Chaoying (ed), *Dictionary of Ming Biography, 1368-1644* (New York: Columbia University Press, 1976), vol.1, pp.818-819.

6　〔清〕張廷玉等編：《明史》（北京市：中華書局，1976年），卷193，頁5120。

7　〔清〕張可立修：《康熙興化縣志》（臺北市：成文出版社，1983年），卷9，頁644-646。

8　〔清〕徐乾學：〈李映碧先生墓表〉，收入氏著《憺園文集》（上海市：上海古籍出版社，2002年），卷32，頁723上。

9　〔清〕張可立修：《康熙興化縣志》（臺北市：成文出版社，1983年），卷10，頁777-778。

10　〔清〕汪琬：〈前明大理寺左寺丞李公行狀〉，收入氏著《堯峰文鈔》（上海市：商務印書館，1929年，《四部叢刊》），卷21，收入氏著《堯峰文鈔》（上海市：商務印書館，1929年，《四部叢刊》），卷21，頁5。

附為閹黨的陰霾影響，似乎因要償付三千兩「贓款」而令經濟十分拮据，而且更要在祖父的名譽得到昭雪後，他們才敢投考科舉。李思誠的慘痛經歷，令李清明白必須想盡辦法遠離黨爭；也因家境困難，使他必須在清廉之餘仍要以合法的方式增加收入。於是在離開寧波推官之任前，他便盡力出版暢銷的判牘和刊物，好準備厚重的錢囊供應在京的開銷。

三　李清的早年生活

　　早在李長祺去世之前，稚幼的李清已通曉人情，例如當其父飼養的雀鳥死去時，家人因擔心病榻上的父親觸景傷情而隱瞞情況；但當父親召喚對此毫不知情的李清到床前問過究竟時，他竟在無人教導之下，如其他家人般說謊以瞞住父親。長祺後來明白此中因由，便對幼子能明白人情，而且具有同情與敏銳的心靈大感安慰。這種同情之心，將使他成為明白事理的官員和感人至深的作家。[11]當長祺奔天之日，李清確如成人一般地哀慟。

　　那位受託撫孤的伯父也是非常可靠的，甚至愛惜李清兄弟更勝親兒；對他們的教育凡事躬親。李清兒時曾在學習時漫不經心，李長敷竟不直接打罵他，而是借責罰親生兒子來使李清觸目驚心而知所改過。[12]直至李清年紀稍長，李長敷才對他直接責打。這位孝悌的兄長，在責打李清時會哭叫弟弟的名字，使李清的塾師亦不禁飲泣。[13]大抵因伯父認真教導，李清的課業非常成功，在一六二一年與伯父同為舉人，當年李清只有十九歲。[14]

11　〔清〕汪琬：〈前明大理寺左寺丞李公行狀〉，收入氏著《堯峰文鈔》（上海市：商務印書館，1929年，《四部叢刊》），卷21，收入氏著《堯峰文鈔》（上海市：商務印書館，1929年，《四部叢刊》），卷21，頁5。

12　此種伯父教侄而不直接打罵之方式，仿自周公旦（死於西元前1105年）教導成王（西元前1042-前1421年在位）之法。

13　〔清〕張可立修：《康熙興化縣誌》（臺北市：成文出版社，1983年），卷10，頁778。

14　汪琬：〈前明大理寺左寺丞李公行狀〉，收入氏著《堯峰文鈔》（上海市：商務印書館，1929年，《四部叢刊》），卷21，頁5下。〔清〕張可立修：《康熙興化縣誌》（臺北市：成文出版社，1983年），卷7，頁570-571。

四　李清的仕歷及其在晚明的出版活動

在一六三一年成為進士後，李清放棄考選翰林院庶吉士的機會，[15]而讓朝廷委派他當浙江寧波府推官。[16]《折獄新語》所收的案件，即是他在一六三一至一六三七年間於寧波任內所處理的。為清理積案，李清日以繼夜的處理各種問題案件，江洋大盜及奸邪慣犯亦不能瞞過他的法眼，讓寧波人對他的司法能力甚為欽佩。他在推官任內最得意的成就，是協助浙北巡按御史監督附近八府，而在他細心的查察下，不少疑案便真相大白，更「破械出」四十多名無辜的百姓。此後，遠近府州的官員皆競相邀請他署任空缺職位。[17]不過，當李清行將離別寧波之時，這些署任工作卻為他招惹麻煩，差點使他錯過陞遷：在署任寧波同知時，李清未能將欠收稅款全數追回，此令他幾乎不能離開寧波到北京接受吏部考績。幸好他的同鄉好友慈溪知縣汪偉（1628年進士）此間及時介入為他付清欠款，才讓李清順利上路。[18]

在寧波公務之暇，李清亦撰有兩部暢銷著作。其一，是他的文集《公餘錄》。是書於一六三七年由他的「門人」陸雲龍（字雨侯，號孤憤生）出版。陸氏乃錢塘人仕，為崇禎時享負盛名的浙江出版家。[19]他所主持的翠娛閣便出版了著名作家王思任及湯顯祖（字義仍，號若士，1550-1617，1583

---

15 汪琬：〈前明大理寺左寺丞李公行狀〉，收入氏著《堯峰文鈔》（上海市：商務印書館，1929年，《四部叢刊》），卷21，頁5下。

16 徐乾學：〈李映碧先生墓表〉，收入氏著《憺園文集》（上海市：上海古籍出版社，2002年），卷33，頁723-724。

17 汪琬：〈前明大理寺左寺丞李公行狀〉，收入氏著《堯峰文鈔》（上海市：商務印書館，1929年，《四部叢刊》），卷21，頁5下。〔清〕張可立修：《康熙興化縣志》（臺北市：成文出版社，1983年），卷9，頁665。

18 李清：《三垣筆記》，載《明代史料筆記小說》（石家莊市：河北教育出版社，1996年），冊4，頁14。

19 有關陸雲龍之生平，見井玉貴：《陸人龍、陸雲龍小說創作研究》（北京市：中國社會科學出版社，2008年）（北京市：中國社會科學出版社，2008年），頁2-3、22、25-30、77-79、193、230。

年進士）的暢銷著作。[20]至一六三六年離任寧波時，李清已與陸雲龍建立緊密的合作關係。例如李清會為此門人的科舉範文《明文奇豔》作序，更為該書提供不少家族藏書作參考資料。[21]陸雲龍反過來又會為李清的《公餘錄》寫序，文中指出李清欲透過此書向世人展示他在繁重的判案與公務之下，竟仍有餘暇研修儒家經典。《公餘錄》的重要內容，包括廣泛點評古人的「讀史隨筆」，以及專講他在閩浙科場閱卷經驗的「理署偶筆」。[22]《公餘錄》的書板樣式，反映它是一部針對科舉市場的射利之書。此外，從陸氏的《公餘錄》序言也知，李清在一六三七年出版了另一部收有其科場成功考卷的暢銷作品，明顯也是以射利為本的。[23]

上述那些李清早年撰作的普及讀物，皆在寧波出版，顯示出李清與浙東一帶的書商關係密切。而且他對賣文牟利毫無抗拒，由此可理解他為何會出版《折獄新語》這部大眾口味作品。由於前述陸雲龍序言中仍未有提及《折獄新語》，據此可斷定這部判牘之成書應較《公餘錄》為後。他最有可能於行將離任寧波時，將有關判牘材料賣予出版商，又或由他於一六三七年左右親自整理出版。從此可見，《折獄新語》一書，主要為李清赴京生活而籌集貲財。此外，其好友陸雲龍後來更隨他赴京作其謀劃的幕友。[24]

因為在寧波的推官工作有優秀的表現，李清於吏部考選中被評為優等。在一六三八年崇禎皇帝召見之後，李清即在「推知行取」下陞任刑科給事中。甫任言官，便彈劾熊文燦（死於1640年）招撫流寇張獻忠（1606-1646）的懷柔政策。此後，李清仍一直關注刑法問題，多次上書要求崇禎省

---

20 見陸雲龍輯：《翠娛閣評選王季重先生小品》（北京市：北京圖書館出版社，1997年），及陸雲龍輯：《翠娛閣評選湯若士先生小品》（北京市：北京圖書館出版社，1997年）。

21 井玉貴：《陸人龍、陸雲龍小說創作研究》（北京市：中國社會科學出版社，2008年），頁22頁。

22 此書有一晚明刻本藏於北京國家圖書館，另有一抄本見於北京大學圖書館。

23 李清:《公餘錄》（北京市：北京大學圖書館善本藏書，索書號：NC15531.4/4432），頁1上-頁3下。

24 井玉貴：《陸人龍、陸雲龍小說創作研究》（北京市：中國社會科學出版社，2008年），頁25-26。

刑，以致被主張嚴刑的刑部尚書甄淑攻擊，連降兩級為浙江布政使司照磨。
禍不單行，在兩載的離京貶抑生活後，李清母親於一六四〇年過世，便即再
進入三年的守喪之期。爾後，當甄淑因受賄而敗後，李清終在一六四二年被
重召回京，起復為吏科給事中，繼續他的言官生涯。[25]

　　當一六四四年北京淪陷於流寇李自成之時，李清剛巧在南方負責冊封新
昌王，因而倖免於難，並迅即加入南明弘光朝廷。他先任工科都給事中，其
後再轉為大理寺左丞，專司司法工作。[26]在南明朝廷中，為團結社稷、表揚
忠勇，李清便向弘光帝（1644-1645在位）上書表彰開國、靖難及累朝死諫
諸臣，讓方孝孺（1357-1402）等具爭議性的人物，終於在明代正式滅亡前
獲得朝廷的肯定。[27]

　　李清似乎是個運氣很好的忠臣。當清兵攻入南京城時，他正出差祭祠南
鎮，再次倖免於難。當他行至杭州而金陵城破，便即間道松江府渡江北歸，
在高郵潛住一段時間後，再返回故鄉興化，重修先人所建的「棗園」，從此
杜門不與人事。[28]此後三十八年李清閉門著史，雖二度被薦入滿清朝廷，皆
以老病推辭。除不仕新朝外，他對明朝的忠誠，還表現在終身祭祀崇禎的忌
日上。[29]

25 汪琬：〈前明大理寺左寺丞李公行狀〉，收入氏著《堯峰文鈔》（上海市：商務印書館，
　　1929年，《四部叢刊》），卷21，頁5下-頁6上；徐乾學：〈李映碧先生墓表〉，收入氏著
　　《憺園文集》（上海市：上海古籍出版社，2002年），卷33，頁723上；〔清〕張廷玉等
　　編：《明史》（北京市：中華書局，1976年），卷193，頁5120。
26 李清：〈自序〉，收入氏著《三垣筆記》，載《明代史料筆記小說》（石家莊市：河北教育
　　出版社，1996年），頁9。
27 〔清〕張可立修：《康熙興化縣誌》（臺北市：成文出版社，1983年），卷9，頁667；
　　〔清〕張廷玉等編：《明史》（北京市：中華書局，1976年），卷193，頁5120。
28 〔清〕張可立修：《康熙興化縣誌》（臺北市：成文出版社，1983年），卷9，頁666。
29 汪琬：〈前明大理寺左寺丞李公行狀〉，收入氏著《堯峰文鈔》（上海市：商務印書館，
　　1929年，《四部叢刊》），卷21，頁8。

五 明亡後李清的史學事業

在清初時李清原以司法妙判而知名。當時的暢銷作家李漁（1611-1680），在編輯專供官員參考的《資治新書》時，便將明末清初最負盛名法官的審語，收入這部「平民視角」的官箴手冊中。是書的初集及二集的「判語」部共載審語七百八十八件，而在初集中便收有李清《折獄新語》中的十八件審語，可見李清在司法上具有一定地位。30

除生花妙筆的司法審語外，李清人生最重要的貢獻，仍是在清初潛心著述了大批史學鉅著。王重民就列舉了知見的二十部李清著作，包括：《諸史同異錄》（另有《二十一史同異》書名）、《南渡錄》、《南北史合注》、《南唐書合訂》、《歷代不知姓名錄》、《澹寧齋文集》，以及《三垣筆記》，等等。31不過，王氏最少遺漏了四部：《諸史異匯》32、前述的《公餘錄》、《正史新奇》33，以及在近年才令人注意的《折獄新語》。其中絕大部分皆是史學作品。

李清的著作深受清初知識界歡迎，因為在它們未有刊刻的情況下，即已有人將它們抄錄流傳。34李氏史文的賣點不單在對史學及時事的獨到見解，亦在他精彩的文筆。他的摯友陳瑚（字言夏，號安道先生，1642年進士，泰州學派學者），對李清的《澹寧齋文集》作點評時道：「公行文飛動，有令人

---

30 見〔日〕三木聰等編：《傳統中國判牘資料目錄》（東京：汲古書院，2010年），頁65-76。又見李漁：《李漁全集》（杭州市：浙江古籍出版社，1991年），冊16-17所列目錄。

31 李清的其他著作包括：《明史雜著》、《外史摘奇》、《甲乙編年錄》、《惠宗實錄》、《思宗實錄》、《袁督師斬毛文龍始末》、《自序年譜》、《史略正誤》、《諸忠紀略》、《女世說》、《諫垣疏草》、《賜環疏》及《史論》。見王重民：〈李清著述考〉，《圖書館學季刊》第2卷第3期（1928年），頁333-342；吳豐培：〈前言〉，李清《南北史合注》（北京市：全國圖書文獻縮微複印中心，1993年），頁1-11。

32 見李靈年編：《清人別集總目》（合肥市：安徽教育出版社，2000年），卷1，頁747。

33 中國科學院圖書館編修：《續修四庫全書總目提要稿本》（濟南市：齊魯書社，1996年），卷35，頁778。

34 汪琬：〈前明大理寺左寺丞李公行狀〉，收入氏著《堯峰文鈔》（上海市：商務印書館，1929年，《四部叢刊》），卷21，頁9下。

歌者、令人涕者、令人喜解頤怒沖發者。唐宋稗史野乘莫逮也！」[35]而江蘇太倉人朱明鎬（字昭芑，1607-1652）在《折獄新語》的跋中，也對李清的文筆有類近的讚許。

六　李清的子孫與其著作的流傳

　　雖然李清有恥食周粟的堅持，但看透興亡的他也明白改朝換代，畢竟是短期內無可改變的事實。因此他放手讓三個兒子入仕新朝，其中李枏（字木庵，死於1704年）更於一六七三年在康熙朝（1662-1722）成進士，旋即晉陞為工部及戶部侍郎。在主持數項大型工程後，李枏於一七〇四年以都御史致仕。李枏大抵承繼了父親的司法才能，乃以破解疑難案件見稱。[36]他更修訂了晚明律學大師王肯堂（1549-1613）的《大明律附例箋釋》，使之適應清初情況，易名為《大清律箋釋》出版。除易代變化外，是書大概也收納了李清一門的前線司法經驗。[37]當康熙於一六九九年南巡時，正服母喪的李枏便將其父所著的《南渡錄》及《三垣筆記》奉呈御覽，李清的史學也因而受到清帝的肯定。

　　雖然著作等身，可是除了《折獄新語》等幾部大眾讀物外，李清的其他嚴肅作品，皆未曾在他在世時出版。他有好幾部史著在興化一帶很受歡迎，但只能以抄本形式流傳。[38]有見及此，其子李枏身為朝廷重臣，不能接受父親作品未有出版，因而與兄弟及友人集資，並且日以繼夜的校對抄錄，以求

---

35 汪琬：〈前明大理寺左寺丞李公行狀〉，收入氏著《堯峰文鈔》（上海市：商務印書館，1929年，《四部叢刊》），卷21，頁9。

36 〔清〕梁園棣修：《咸豐重修興化縣誌》（臺北市：成文出版社，1970年），卷8，頁321-324。

37 Bourgon, Jerome and Will, Pierre-Étienne, "*Da Qing lü jianshi,*" *Official Handbooks and Anthologies of Imperial China: A Descriptive and Critical Bibliography*（未出版稿本）。

38 李清曾將《歷代不知姓名錄》的稿本寄與他的出版業友人周亮工，但周氏卻無力幫他付梓，只能璧還，見〔清〕梁園棣修：《咸豐重修興化縣誌》（臺北市：成文出版社，1970年），卷10，頁1456。

將李清入清後的作品全數覓工版刻。不過,就在出版進程如火如荼之際,李枬卻突然離世;失卻主事者的李清史著出版計畫,因而胎死腹中。[39]

然而,即或李清所有的作品皆可及時出版,清朝以後的政治發展也會使李枬對父親的心血付之一炬。李清的《諸史同異錄》,原是論述《廿一史》中人物與史事的異同情況,再加分析比較。不過是書卻於一七八七年被乾隆皇帝(1735-1795在位)從《四庫全書》中禁毀,原因是李清認為崇禎帝與清代開國君主努爾哈赤(1559-1626)性格多有相似,只是際遇不同而令他們成敗互異。乾隆以為此結論是對祖先的侮辱,因此加以壓制。[40]此後,李清另外三部收入《四庫》的作品,即《南北史合注》、《南唐書合訂》及《歷代不知姓名錄》也連帶被毀,而他其他的作品也被清算而列為禁書。除了個別結論令滿人皇帝不悅外,李清史著的原罪,是其中多討論外族入侵下,南方政權抵抗而苟延殘喘的情況。這或多或少觸動了滿清的神經,令多疑的乾隆聯想到南明的抵抗,故此索性盡禁李氏的作品。在文字獄的陰霾下,連跟南北政治風馬牛不相及的《折獄新語》似乎也受到影響,使這部普及作品只有少量存本流傳至今。

七　清以後《折獄新語》的流傳情況

除了吉林大學圖書館藏的明末刻本外,現存知見的另一《折獄新語》明末刻本藏於北京國家圖書館,不過後者卻沒有王思任的序及朱明鎬的跋。[41]與吉林本比較,兩者似出自同一版刻,只是北京本欠缺了最後的二十三件審語。雖然狀況較差,北京本卻有一好處,就是收入現代藏書家黃裳的藏書手

39　〔清〕張可立修:《康熙興化縣誌》(臺北市:成文出版社,1983年),卷9,頁668;
　　〔清〕梁園棣修:《咸豐重修興化縣誌》(臺北市:成文出版社,1970年),卷10,頁1456-1457。

40　Tu Lien-che, "Li Ch'ing," in Arthur W.Hummel (eds), *Eminent Chinese of the Ch'ing Period* (Taipei: SMC),Vol.1,p.454.

41　朱明鎬傳記,見中央圖書館編:《明人傳記資料索引》(臺北市:中央圖書館,1978年),頁130。

記。[42]而這部較殘缺的北京本，不幸地卻較先受學界的注意，因而最初兩部《折獄新語》的點校本皆據之為底本：一九三五年副題「風趣判牘」的排印圈點版本，以及一九八六年的點校注釋本。[43]此後，二〇〇六年楊一凡主編的《歷代判語判牘》在收錄《折獄新語》時，採用了一九八六年的點校本內文之餘，更加入前此漏掉的吉林本內容，成為迄今最完整可靠之《折獄新語》版本。因為流通較早，中國法律史學界曾在二十世紀末時，以為李清此書是明代唯一留下的判牘，也因此一度成為明代法制史的研究重點。雖然現已有不少新發現的明代判牘陸續印行，《折獄新語》仍因行文通俗、選材風趣，而具有其獨特之研究價值。

八　小結

　　《折獄新語》這部極富創意的大眾判牘，非因李清獨特的個人背景無以成書。李清有較重的泰州學派傾向，使他少有包袱地將嚴肅的審語修訂為輕鬆易讀的妙筆。此外，他家境不豐的困境、討厭貪汙的取向，以及與出版商良好的關係，在在推動他動筆修訂正經的判牘，以成暢銷可讀的幽默小品，從而增加他的收入。在一六三七年左右出版的《折獄新語》，其實只是李清在寧波任上多部暢銷書之中最後的一部而已。

　　諷刺的是，當李清在清初成為知名學者而且鄉居興化時，他卻沒能力再將認真的史學著作好好出版，因為清人入關的破壞，早已把陸雲龍等射利的江南出版商破壞殆盡，史家李清在清初的著作，便只能以抄本形式流傳下來了。[44]因此，《折獄新語》竟成為李清在世時出版的少數著作之一，更成為乾

---

42 見《續修四庫全書》編纂委員會：《續修四庫全書》（上海市：上海古籍出版社，1995年），子部，冊972，頁660-673，收入之吉林明刻本。

43 襟霞閣主人修：《折獄新語》（上海市：中央書店，1935年，收入《國學珍本文庫》），第1輯，第3號；另見陸有珣等注：《折獄新語注釋》（長春市：吉林人民出版社，1989年）

44 當浙江飽受清軍南下的兵火時，李清邀其好友陸人龍到興化避難。見井玉貴：《陸人龍、陸雲龍小說創作研究》（北京市：中國社會科學出版社，2008年），頁29。陸氏於晚明繁盛的出版事業，在清初受到徹底的破壞。

隆文字獄清算以前李清流傳最廣的著作。此書除為李清賺取可觀的收入外，也為這位南明忠臣贏取了風趣作家的名聲。要待他在清初建立了嚴謹史家的新令名後，才蓋過了原來在司法和判牘文學上的成就。身後功名，誰可預料？ 45

---

45 本章為中國香港特別行政區研究資助局撥款資助項目「The Ming-Qing Transition (1619-1740): A reassessment from the legal angle [HKBU 22400914]」之部分研究成果。

第七章
生死愛慾：
晚明判牘呈現的性別世界

一　引言

　　本章嘗試以新近出版的晚明判牘資料，呈現當時的性別世界，討論內容包括男女關係、性別間的衝突、妓女的法律地位，以及男同性戀的情況等等。如果明代社會男女平等，則不少性別議題便完全不需討論，例如在法律上若男女犯一樣的法，即以相同的處分對付，法律上便不涉及性別因素了。當然，就算在某些範疇男女是平等的，仍然有一些議題及衝突無論如何都要以性別的框架來討論，如強姦、婚姻及與婚姻關係密切的姦淫及和姦問題。此外，明代涉及婦女與性別衝突的焦點，可說是在妓院管理與妓女問題上，因為除了一些嚴重的強姦、通姦及財產繼承爭端外，良家婦女罕有機會涉足法庭。有見及此，本章亦集中討論明代中國有關妓女的管理，以及涉及妓女衝突的律法與案例，好讓性別議題在傳統法律的衝突中之處置手法，更具體地呈現出來。除了男女問題外，晚明個別地區男色風氣頗盛，同性戀人之間偶有激烈衝突，而且判牘所見更有福建地區男子強行雞姦同性的罪行，此皆見當時社會風氣開放，亦足與男女的性別衝突作出比照，以呈現晚明性別世界更完整的面貌。

二　明代婦女的法律地位

　　傳統中國婦女的法律地位較男子為低，雖似是常識，但在法律運作的情況中又大概是另外一回事。明代律法繼承漢唐儒家入法的「男尊女卑」原

則，因此丈夫毆打妻子不算罪行，但反之就是死罪；夫殺妻是輕刑，反之則是凌遲極刑。為妾為婢者，更無法律中給予為妻者之有關丈夫不能輕易休妻的保障。不過，要分析婦女在明代法律中的地位，除了上述原則外，還要注意中國傳統法律中「權責相符」的精神：法律地位及權力越低的人，犯法時要負的刑事責任和相應的刑罰，也就越輕越少。

明代承繼傳統「婦人無刑」的觀念，認定婦女是弱者，所以她們犯罪時，如非必要，不宜公開用刑。以下是具體的實施方法：（一）犯姦者如罰杖打，仍准單衣受刑，不用如男子般裸身。（二）男女合謀犯罪，雖然女的是主謀，但男子仍要負最重的為首者刑責，反以較輕的從者身分處理婦人。（三）孕婦雖然犯上斬立決的嚴重罪行，仍准待分娩後才行刑，更有產後百日的寬限，讓孩子可獲一定的哺乳。此外，也不能對孕婦拷訊。（四）婦女不收監，責成夫家或父家看管。

從上面受刑的優待看，明代女性的法律地位似乎未必低於男性，又或是享有男子沒有的特權和優待？抑或，是可從刑責相符原則看，婦女被視為「次等人」，不配受男子處分？[1]

三 對女子的婚姻規定

明代女子嫁人者分為妻與妾，兩者的法律權利有天淵之別，因為妻是受法律一定的保障，而妾在沒有同樣保障之餘，若與夫家家人爭訟，面對的刑罰幾乎肯定比為妻者更重。例如「妻妾毆夫」的律，妻子毆打丈夫不致折傷時，原來只罰杖一百，但妾毆夫則罪加一等，嚴重的更可至死罪。而丈夫打妾，刑罰是較打妻減兩等。

明代規定合法婚姻必須依從《朱子家禮》的「六禮」，而女子嫁人必須經過這個包括納采、問名、納吉、納徵、請期及迎親等的手續，才可確立妻的資格。作為妻子，丈夫需要有以下「七出」其中一項的合法的理由，始可

---

1 有關傳統中國女性法律地位之討論，參黃嫣梨：〈中國傳統社會的法律與婦女地位〉，載氏著《妝臺與妝臺以外》（香港：牛津大學出版社，1999年），頁163-183。

向她提出休妻：不順父母、無子、淫、妒、有惡疾、竊盜和口多言。而妻子則有「三不去」的法律，可以阻止丈夫提出姦淫理由之外的休棄：女子無所歸、服三年之喪和先貧賤後富貴。

在法律訴訟中，圍繞著婚姻的爭議多為男家付了聘金，而女家卻將女兒適於他人，或是遲遲不肯將女兒出嫁。而在女兒已出嫁後，有因七出之條而離異，這時男方便有權追回給女家的聘金。如果女家不予，對簿公堂之事自然不能避免了。以下案例出自晚明判牘《折獄新語》，為寧波府府推官李清所判之〈冤命事〉，講女子陳大奴因為不能生育（甚至不能行房）的「石女」，而被汪三才休棄，三才即向陳大奴之族長、義兄陳汝能追還二十両銀聘金，但陳家拖延不還，故有此訟：

〈一件冤命事〉
審得汪三才去婦大奴，陳汝能義妹也。先因三才父繼先，曾出銀廿両，聘大奴為三才婦。夫大奴一石女耳，此固天挑摽梅之無感，而蜂媒蝶採所不過而問焉者也。及同衾後，三才悔恨無及，即將大奴送還汝能訖。非敢奢望於藍田之生玉，正恐絕望於石田之生苗耳。則汝能之返其聘金也，宜矣。何遷延不償，且以冤命控乎？初汝能猶執石女之說為誣，及召兩穩婆驗之，信然。夫女國無男，則照井而生。然以生竅永閉之大奴，無論陽臺之雲雨，其下無梯，正恐井不孕石耳。然則為汝能者，將令三才於飛之願，僅托巫山一夢，而不復為嗣續之繩繩計乎？是面欺也。應杖治汝能，仍追聘金廿両，以結此案。[2]

由於案例可見明代七出中之「無子」條的實際運作情況。為驗明女子是否不孕或「石女」，更有召穩婆兩名驗證之手續。

2　李清：《折獄新語》，載楊一凡、徐立志主編：《歷代判例判牘》（北京市：中國社會科學出版社，2006年），冊4，頁547-548。

四　對婦女犯姦淫的處分

在傳統社會中以父權及夫權支配家庭成員，婦女的人身權利為丈夫所獨占，而未嫁的女子則必須經家父長（父親；如已過世則為母親或其他代理人）准許，才可與其他男子結合，所以在近代以前各國的法律均不容許婚外性行為。換句話說，在一般良民的家庭，只有在婚姻的框架下進行性交，才是社會風俗和法律所容許的。明代的法律規定也沒有例外，就算未婚男女雙方情投意合，兩廂情願地發生性行為，法律上仍要視之為「和姦」，是要以刑罰處分雙方的。

在明代律典中的〈犯姦〉條，便以杖八十來處分和姦。如果婚外性行為中的婦女已婚，則更被視為「棄親外淫」，罰則是較重一級的杖九十。還有一種適用於已婚婦女犯姦者，謂之刁姦，即是婦女被勾引出外行淫，非在家內進行，罰則是杖一百。刁姦所以是更嚴重的罪行，理由是婦女既敢出家外通姦，便離開家中的範圍，已不怕為他人所知，因而是無恥之甚的，需受重罰。以上各種姦狀，男女無別，姦夫淫婦罰則基本相同。

晚明廣州推官顏俊彥的判牘《盟水齋存牘》，收入〈姦淫酈學鵬〉一案，反映了當時一些婦女姦淫的風尚，例如母女二人同為一姦夫所淫，也說明了法律中對和姦處理，充其量只可以杖罪責罰：

> 〈姦淫酈學鵬〉
> 審得酈學鵬與陸氏有姦，併通其女，為黎壽喜所見，女羞自縊。乃陸氏不恨學鵬之因姦致死，而返遷怒於壽喜主人之黎昌奇。昌奇雙瞽，豈行姦之人哉？淫妖母女聚麀，又架詞瀆憲，罪不勝誅。除陸氏痛飽桁楊外，學鵬杖不盡辜，請加責枷示，以狥國中之行淫者。招詳。
>
> 察院梁批：酈學鵬因姦致死人命，一杖是否蔽辜，仰再盡法究詳。
>
> 覆審得酈學鵬私陸氏而併通其女，致女姦露羞縊，鵬之罪不勝誅也。但和姦杖，羞忿自縊即因姦致死，難置重典，合仍原擬。請加責枷示，以儆宣淫，庶法之平。覆詳候奪。

　　察院批：酈學鵬、陸氏姑依擬杖警，酈學鵬仍加責二十杖，枷號示眾。庫收繳。[3]

按律例規定，婦人與他人通姦事發，羞愧自盡，姦人即止須坐姦罪。而案中酈學鵬母女同淫，道德上極為可恥，顏俊彥的上司巡按御史更要求重罰。不過，審判的顏俊彥仍只可依律法中規定的杖刑處理，最多加上二十板子及枷號等補充性刑罰。

五　強姦婦女的問題

　　和姦與刁姦，就是指兩廂情願地進行的性行為，可是如果男子是以暴力迫女子就範，即是強姦（男子向男性強姦，即雞姦，明代律例中不在〈犯姦〉類的刑律，而列入「鬭毆」類。男子強姦女子，即以絞罪論處。在強姦的情節中，法官要觀強暴之狀，或以刀斧恐嚇，或用繞索綑綁，必須要有不可爭脫之情，方可坐以絞罪。若彼以強來，此以和應，始以強合，終以和成，猶非強姦。必須是被姦婦女非不得已，因強姦者施以暴力，力不能敵以致被姦汙時，反而應當憐憫，故此才不算作和姦，因而才可免坐刑責。

　　晚明福建判牘《新奇散體文法審語》，十分扼要地記載了一件強姦案件：

> 審得張逸、李陶無籍棍徒，不羈浪子。違禮悖義，固知律法之嚴。戀色貪花，敢為禽獸之行。強姦良氏之婦，毆打貞婦之夫，反將穢節汙人，藉口通姦脫騙。既云久交情稔，應識孫婦行藏，及問以姓名，則指東話西，而百不得一二；更質以什物，則追風捕影，而十不偶二三。便見非腹裡之舊人，故不曉房中之玩物。行強豈容少貸，盡法用戒刁淫。本縣印官不得其情，欲官賣守貞之婦。輕用刑法，反罪加告

3　顏俊彥：《盟水齋存牘》（北京市：中國政法大學出版社，2002年），頁517。

實之人。理民反以冤民，空靡朝廷爵祿。聽訟不能斷訟，何堪父母牧
民。三尺之法不明，五斗之粟宜罰。[4]

案中講出原審縣官錯信犯人張逸等供詞，以為被強姦婦人孫氏與他們通姦，
竟欲將受害者作通姦犯處理，甚至要由官方拍賣予樂戶為妓女。幸好覆審的
官員發現問題所在，就是男犯人不知孫氏閨房中情形，以及婦人姓名等其他
情況，實在難以令人信服他們早有私通。不過，從此案也可知當時不少強姦
犯人為免絞刑，便用盡方法以和姦脫罪之情景。

六　法律中有關娼妓的管理與衝突

明代法律中涉及婦女的問題，或多或少與性行為有關。一般來說，與平
人婦女性交，如不在婚姻的規限之內，便是犯姦的行為，是要受到法律的制
裁的。男子無論未婚已婚，要洩一己之私慾，在良家婦女之外尚有一個合法
的途徑，就是光顧娼妓。明代的娼妓不單合法，而且政府還主動介入進行管
理並收取稅款，政府更在部分大城市中經營妓院，而且理論上所有妓女皆為
國家所有。明初以來，所有合法的妓女都在世襲的樂戶之中，她們的女性後
代被政府強制繼承此等行業，不得擅自脫離樂戶戶籍。上節案例提到的受害
人孫氏其實真的避免了掉入火坑，因為在明代入官為妓女的確是苦不堪言的。

《大明律》的〈戶律〉中有「人戶以籍為定」條，規定樂戶詐冒脫免要
以杖八十處分。除了不可脫免樂戶戶籍之外，《大明律》另有「逃避差役」
條，規定妓女不可逃避提供娛樂及性服務，否則怠工一天是笞十下的罰則，
每五日加一等，最高可處以笞五十。

不過，明初的樂戶要提供音樂及其他娛樂服務，而賣淫則並未被強調。
此外，理論上只有平民可光顧妓女，官吏或其他有功名官位之人，一概不可

4　不著撰人：《新奇散體文法審語》，載楊一凡、徐立志主編：《歷代判例判牘》（北京市：
　　中國社會科學出版社，2006年），冊4，頁203-204。

宿娼。〈刑律〉之「官吏宿娼」條，即罰犯禁者以杖六十。而官吏的子孫也不得光顧，否則罪亦如之。此外，〈戶律〉的「娶樂人為妻妾」條，更禁止官吏以妓女為妻妾，罰則是杖六十，並強制離異。當然，明初這樣的安排也有政治上的原因的，因為當時大案頻繁，不少淪為樂戶的婦女，乃是功臣或犯罪官員的家眷。容許娶去這些落難的女子為妻妾，即是給予她們機會，好逃離這個刻意為她們預備的火坑。在不少明代的案例中，確有見到官吏如果光顧妓女，是會受到懲罰的，這也是我們見到在訴訟中容易涉及婦女的成分。

　　在法律中最普遍涉及娼妓的案件，是有關她們人身買賣的衝突。明代法律中有禁止「賣良為娼」的法規，禁止娼優樂人買良人子女為娼優，或娶良人子女為妻妾，或乞養良人為子女，違反的罰則是杖一百。顏俊彥的《盟水齋存牘》有一起〈買良為娼黃元〉案例，內中將良家婦女買入妓院的罪犯，便被罰杖打與枷號：

〈買良為娼黃元〉
審得劉碧沙女亞娥初嫁程汝益為妻，汝益窘用，轉賣香山縣役殷漢即燦廷為妾。漢始妾之而終賣之，復賣之樂戶黃元，可恨也。碧沙不忍其女之落於烟花，鳴之清遠縣，而縣以沙為假父局詐，責之監之，碧沙安得不激而上控乎？今三面對質，黃元出上下手契甚明，即元亦稱係碧沙之女，但買自殷漢耳，不知該縣何所據而以沙為假乎？黃元買良為娼，擬杖枷號。殷漢方行提訊，已報病故，無可追求。亞娥歸碧沙另嫁。亞娥已墜淤泥，復見天日，父女抱頭哽咽，悲喜萬端，亦一則奇事也。招詳。

察院批：黃元買良為娼，杖枷允宜，亞娥准給劉碧沙另嫁，餘如照，庫收繳。[5]

案中先可見婦女嫁人為妾後，是可以讓丈夫轉賣的；如果不是最後被賣為

5　顏俊彥：《盟水齋存牘》（北京市：中國政法大學出版社，2002年），頁399。

娼，原是可繼續轉售而不犯官禁。雖然以上案件對良家婦女確有一定的保護，可是其他明代的案例，卻反映了已陷樂籍的婦女，不單可為樂戶任意賣買、租借，甚至可作為舉債時的抵押品。幸運的妓女有可能被富有的平民男子贖身為妾，不過從晚明的判牘中，我們亦見到一些男子因為經濟轉差，為了籌錢而不惜將他們的伴侶再次推回市場，讓她們當回娼妓。

妓女在樂戶中被視為搖錢樹，出賣肉體以為龜子、鴇母賺錢。但又隨時會像財物一樣轉手他人，生活可謂坎坷。禍不單行的是，她們一旦涉及訴訟，大部分法官對他們卻罕有同情，反而將他們視為破壞社會安寧的「問題」。例如有一批案例是有關妓院被嫖客襲擊、搶掠，犯人受到處分之餘，作為受害者的妓女往往也會被法官驅逐出境，理由是「以清地方之穢」！例如晚明的松江府推官毛一鷺，在他的判牘《雲間讞略》中的「一件陷窩扎詐事」，即將受害的妓女逐出松江之境，因為：

> 各妓倚門作態，宿盜之窩，而捲財之路也。在凶年為祟尤甚，應逐出境，以為節省之一助。[6]

將受害的妓女乘機驅逐出境，就是除掉嫖客耗費與治安問題的根源，而有不少地方都是這樣瞭解娼妓的問題的。

七 福建的男色好尚與相關糾紛

晚明江南各地富戶男子中偶有蓄孌童之習，就是以美貌少男作洩慾工具。反映浙江寧波情況的《折獄新語》，即記有一個有關孌童逃走去找新主人的案例，可見這種男同性戀的關係，並非筆記小說的傳聞。不過，有關明代男同性戀的資料，主要都是來自福建地方。沈德符《萬曆野獲篇補遺》的〈風俗〉篇中有「契兄弟」一條，便詳述了閩地的男色之風：

---

6 毛一鷺：《雲間讞略》，載楊一凡、徐立志主編：《歷代判例判牘》（北京市：中國社會科學出版社，2006年），冊3，頁477-478。

閩人酷重男色，無論貴賤妍媸，各以其類相結：長者為契兄，少者為
契弟。其兄入弟家，弟之父母撫愛之如婿；弟後日生計及娶妻諸費，
俱取辦於契兄。其相愛者，年過而立，尚寢處如伉儷。至有他淫而告
訐者，名曰畏奸，畏字不見盡書，蓋閩人所自撰。其昵厚不得遂意
者，或相抱繫溺波中，亦時時有之。此不過年貌相若者耳。近乃有稱
契兒者，則壯夫好淫，輒以多貲娶姿首韶秀者，與講衾禂之好，以父
自居。諸少年於子舍，最為逆亂之尤。聞其事肇於海寇，云大海中禁
婦人在師中，有之輒遭覆溺，故以男寵代之。而酋豪則遂稱契父。[7]

福建文獻中有稱契兄弟者，很有機會是與男同性戀有關，而且不少海盜的資
料亦反映了頭目與手下有契父子的關係。由此可知一旦在海上為盜所擄，擔
心被姦者應不只是女性。

　　《大明律》中原來並無對男性遭人雞姦的處置，不過在嘉靖朝的《大明
律直引》的鬥毆律中，便附入了新增的例，規定「將腎莖放入人糞門內淫
戲，比依穢物灌入人口律，杖一百。」新例的出現，正表示男性相姦已普遍
到要立例的地步。在福建的判牘（祁彪佳的《莆陽讞牘》及《新奇散體文法
審語》）中，更有大量有關同性戀行為的案例，此中亦見明代男色中十分暴
力的一面：

《莆陽讞牘》的「一起人命事」
前件該本館看得遊天庭之狃王閏也，止期腰斷袖之餘歡，不識結雄雉
之孽債怒閏兄王在之護弟，一逞於署前，於是乎無生王在矣。官周、
應魁皆狃邪少年，斷不無助毆之理。乃拔簪以戲閏者，天庭也，非特
青襟為護身符，不敢恣毆王在。而二犯非特天庭為護身符，亦不敢幫
助天庭，是餘犯之毆，亦即天庭毆也，而況更庭固自毆乎？木柴之傷

7　見張杰編：《斷袖文編——中國古代同性戀史料集成》（天津市：天津古籍出版社，
　　2013年），冊1，頁243。

> 近於木棍，而天庭實係執木柴者，館審已確。嗟哉！天庭向恣禽淫，
> 今泣犴狴矣。伏候裁奪。8

祁推官以禽淫來描寫男同性戀行為，也指出有關人仕為狎邪少年，可見亦以
負面看待他們。

此外，在《新奇散體文法審語》的〈和尚龍陽〉一案，是集合了和尚、
輪姦及男同性戀三個元素的奇案：

> 審得□和尚等，乃地方無籍惡少。三五成群，暮夜潑撒遊盪，途中築
> 遇某課文晚歸，典狂強擁輪姦谷道。不知總角渺弱之躬，難受降魔之
> 杵。髫齡嬌雅之年，不堪螳臂之輪。此時此際，三凶耽樂，一生受
> 苦。汝既以肉塵傷人，吾當以笞杖儆汝。9

在上引兩部福建的判牘中，還有很多涉及同性戀人衝突的案例，而其他地區
的判牘相對而言則較為罕見。10男同性戀的風氣當然不限於福建，在京師、
江浙等地亦甚活躍，一些大城市中更有同性戀的賣淫場所——男院的設立。
在晚明時代，同性戀被接納為一種普通的性行為方式，社會大抵已接受了有
關行為，文人講述有關好尚時毫不羞愧，風氣甚至比今天中國還要開放得多
了。

8　祁彪佳：《莆陽讞牘》，載楊一凡、徐立志主編：《歷代判例判牘》（北京市：中國社會科
　　學出版社，2006年），冊5，頁483-484。

9　《新奇散體文法審語》，載楊一凡、徐立志主編：《歷代判例判牘》（北京市：中國社會
　　科學出版社，2006年），冊4，頁258。

10　有關明代福建男風熾盛的討論，參譚家齊：〈晚明《律例臨民寶鏡》所載《新奇散體文
　　法審語》的史料價值及其所反映之閩中社會情況〉，載李金強、郭嘉輝編：《從明清到近
　　代——史料與課題》（臺北市：萬卷樓圖書公司，2018年），頁157-161。

八　小結

　　中國傳統法律對婦女是有歧視的，在家庭內丈夫對妻子有極大的法律權利，可以因妻子不合禮教或宗族延續等要求而休棄妻子，相反為人妻者則少有這種主動提出離婚的權利。可是，這種歧視也使婦女免受不少刑責，很多男人要在司法制度內受的苦楚，例如監禁與杖打，甚至是決不待時的死刑，女子都有可能避免。因為女人既被視為次等，弱者則自當受到保護，也「不配」受男人的處分。

　　法律對女性的保護除免受一些刑責外，即在避免她們被強姦之上。按明代法律規定，只要是強迫女性就範，施暴者便可被處以絞刑，這可說是對女性有一定的基本人身權利保障。不過，當涉及訴訟婦女的身分是妾或更低賤的娼妓，則法律對她們的保護便大大減少，後者不只遭受法律條文上的歧視，甚至連判案的法官，也可能視她們為搗亂社會秩序的禍根，必欲除之而後快。她們在與男性衝突時的悲慘景況，實在不足為外人道。偏偏這樣地位越低下，法律保障愈少的女人，卻可能與男人的交接最多，這必然使她們受剝削的機會大大加增──或許這就是「萬惡淫為首」的另一層深意，就是好淫的男人，為惡機會之多、作案程度之深，在面對那些少有甚至沒有法律保障的女性時，更可肆無忌憚了！

　　此外，晚明個別地區除了男女的婚姻愛情及慾望問題外，也有男同性戀普及的情況，而其中以福建的資料最為全面詳盡。不過與男女的關係一樣，男與男之間的愛情與慾望並不一定甜蜜愉快，亦有血腥暴力的一面。可以說，由於好男色之風的普及，晚明性方面受剝削的一方，不一定全是女性，連男性本身亦有機會面對諸如被同性情殺及輪姦的危險。

第八章
進退兩難：從晚明沿岸擱淺船隻的遭遇看海洋貿易的風險

一 引言

　　無可置疑，在鋼鐵船隻普及以前，木製船隻在淺海區域航行的最大風險，就是船底被尖銳的礁石刺破，船身要不是入水下沉而葬身魚腹，就是擱淺在石上而動彈不得。故此中國人發明了隔水艙的船隻設計，來減低「覆舟失貨」的機會，期望觸礁船隻不會一下子全艙入水；最多只是擱在石上，仍可修補船身而繼續航程。[1] 除了在船體設計上作最壞的打算外，在聲納技術尚未問世之前，船隻在近岸航海時也可參照詳盡的海圖，主動避開較明顯且危險的礁石地區。[2]

　　宋代至明初海洋活動頻繁，而明朝（1368-1644）政府更因宦官鄭和（1371-1433）下西洋等壯舉，對航海資料大加收集整理。不過因耗費過鉅

---

[1]　宋元時代中國海船已有隔水艙設計，參王冠倬：《中國古船圖譜》（北京市：生活・讀書・新知三聯書店，2000年），頁142-145、152。明代海船的情況，見同書頁263-279。有關中國船隔水艙設計對西方的影響及西方資料對清代以前中國舟船使用隔水艙的描述，見Joseph Needham. *Science and Civilisation in China: volume IV:3, Physics and Physical Technology, part III: Civil Engineering and Nautics* (Cambridge, U.K.: Cambridge University Press, 1971), pp. 420-422, p. 467.

[2]　李約瑟對明代中國海圖也有討論，見前揭Joseph Needham. *Science and Civilisation in China: volume IV:3 Physics and Physical Technology, part III*, pp. 581-584.有關鄭和下西洋所用海圖的情況，見徐玉虎：〈鄭和下西洋航海圖考〉，載《明清史研究論集》（臺北市：大陸雜誌，1976年），冊4，頁46-50。孟席斯（Gavin Menzies）在其銷路甚廣的《1421中國發現世界》（北京市：京華出版社，2005年）提及了明宣德以後對海圖資料的埋沒（頁27-28）。

而經濟效益有限，宣德朝（1426-1435）以後明廷即罷西洋航行，海圖等航海指南，亦因政府撤出海洋收於禁中而不見天日。[3]明中葉以後，更針對倭患頻仍而屬行海禁，明令「片板不能下海」，使民間公開的航海活動幾乎消失，有關航海知識的刊布及海岸經驗之流傳，便漸為收緊以致部分失傳。[4]於是明代後期雖對航海開禁，海船要於近岸海域行駛，最多只有粗略的沿海地圖可供參考，對礁石之趨避、潮汐的變化及海流之掌握，即純粹依賴海員舵手積累之經驗及技術。不過中國海岸線之漫長和四時潮汐的變幻，卻實遠超人人皆可牢記之程度。熟練海員不過對其家鄉一帶的海域有充足經驗，而對其他濱海地區的情況則難免茫然。

設若沿海居民對意外擱淺的船隻，能將心比心地伸出援助之手，拯救遇難客旅於覆舟之厄，甚或退一步能提供有償之補給及修理服務，則一旦船隻觸礁或遭遇輕微破損，自非天崩地裂之災難。[5]然而，從萬曆時松江府推官毛一鷺（1604年進士，死於1629年）的《雲間讞略》，以及西班牙耶穌會會士亞德里亞諾・德・拉斯科特斯（Adriano de las Cortes）的《中國記行》（*Le Voyage en Chine*）之記錄可見，原來中國東南瀕海居民多有視觸礁船隻為待宰羔羊，而有趁火打劫之惡行。

3　有關宋元至明初中國強大的海軍建置及頻繁的海洋活動，見Lo Jung-pang (Critically edited by Bruce A. Elleman). *China as a Sea Power 1127-1368* (Hong Kong: University of Hong Kong Press, 2012), pp. 323-341。

4　針對明代倭寇及相應海禁措施的研究汗牛充棟，其中較重要的總結性著作為鄭梁生：《明代倭寇》（臺北市：文史哲出版社，2008年）。

5　針對明廷對於遇上海難的外國船隻救助的研究，主要有松浦章：〈明代朝鮮船漂到中國之事件〉，《中國社會經濟史研究》第4期（2001年），頁48-57；松浦章：《明清時代中國與朝鮮的交流——朝鮮使節與漂流船》（臺北市：樂學書局，2002年）；湯熙勇：〈明代中國救助外籍海難船的方法〉，「多元視野中的中國歷史國際學術研討會」（北京清華大學，2004年8月）等。上述研究認為，在清代建立撫卹外國海難船的制度之前，明代政府已有相關撫卹先例。然而此類研究只針對國家對外國船隻的救助，有關中國遇難船隻的安排，以及明代沿海平民對待遇難船隻的態度，卻未曾提及。

二　上海沿岸之凶民

　　如果毛一鷺後來沒有依附宦官魏忠賢（1568-1627），並在江蘇巡撫任上沒有對東林黨人殘暴鎮壓，我們今日對他的認識，大抵只會圍繞他在松江府推官任內司法上清廉公正的成就，因為他留下了《雲間讞略》這部載有三百多個案件的審判記錄集。雖然晚節不保，但毛一鷺在一六〇四年至一六〇八年間初仕為地方司理時，卻因審案情法兼備而為人所歌頌，在他筆下更記載了一些擱淺船隻為上海沿岸凶民洗劫的暴行，讓我們明白晚明近岸航海的風險實況。[6]

　　蘇州、松江兩府既為有明一代絲綢棉布的生產中心，上海即是其沿海出口貿易之地，故此海船往來極為頻繁，而海盜問題亦是家常便飯。只是搶掠擱淺船隻的凶民，與縱橫大海的海盜仍有根本性的分別：前者是主動地在海洋上找尋獵物，而後者則是守株待兔地等待掠奪機會。毛一鷺在審理海盜案件「一件為急救劫殺事」時，便著意將凶民與海盜分開處置。這位府推官對證據確鑿的海盜先判以極刑，但對案情中搶掠擱淺船隻所載麥子的沿岸居民，則是有意求生的：

> 蓋此輩掇拾棄餘，取數或不甚多。而海畔之民多武健亡命，乘機搬擄，乃惡習之最可恨者。往時如遭風失水之船，若輩享利已久。茲寬其取非有之罪，而量為十一之償，似為兩得。

這裡說明了此類乘人之危的搶奪行為存在已久，而且絕不罕見。毛一鷺同時也解釋了寬鬆處理這等瀕海凶民的技術原因：

6　毛一鷺生平及晚明松江府一帶水路交通的風險，可參Tam Ka-chai. "Conditions and Risks of Water Transport in the late Ming Songjiang Region as seen in the cases collected in Mao Yilu's *Yuanjian yanlüe*," in Billy Kee-long So (ed). *New Perspectives on Historical Chinese Market Economy: Studies of Late Imperial Lower Yangzi Delta* (London: Routledge; Academia Sinica Series, 2012).

> 如必以某盜得某贓如尋常愛書者類，則異鄉失主向苦於被盜，今更苦
> 於究盜。而地方居民為盜夥者一二人，而為盜累者且數十人，弊將使
> 雞犬不寧。[7]

究盜既會使受災的客商蒙受更大的損失，則有關事件上告官府的機會自然大
為減少，而載入判牘的案件，亦必為冰山的一角而已。此外，擱淺船難的受
害人可以活著回來告狀，可以說已經是不幸中之大幸了，因為在現實中應有
更多人在貨物被搶光後，更被那些凶民殺掉，根本不可能將他們的不幸遭
遇，帶到府推官的法庭當中。

《雲間讞略》所載另一起案件「一件出巡事」，則直接而詳盡地展示了
沿海居民擄掠擱淺船隻的惡行：

> 蔡可遞等恃居瀕海，世濟強梁，兄弟朋惡，目無三尺。以打搶為生
> 涯，視抗拒如故事。如王能盜牛而營脫不解，猶可諉之鼠竊小事耳。
> 父叔互爭而刃傷其叔，猶可諉之護父之情盃耳。池六以舊僕呼名而打
> 奪銀二兩，朱龍泉以直相言凶而打奪銀三兩，朱成賣柴而被搶四十
> 擔，陳諒鄉愚而打詐十五金，徐良臣賒線而被毆賴債，猶可諉之事起
> 鬥毆，贓數不多耳。至若薛萬成販靛七百餘擔，余泉、吳高販炭不百
> 餘簍，江魁捕魚三千餘斤，皆甘冒航海之險以圖蠅頭之利，業不幸為
> 波濤所阻，而可遞等復視若囊中之物，几上之肉，乃率親黨僕從相與
> 搶貨拆船，如雲飛風捲不留寸莖，何橫且慘也。

案中呈現了一批以蔡可遞為首的沿海土豪，除日事搶騙良民外，更多番對擱
淺船隻橫施毒手，「搶貨拆船」。那些倖存的靛商漁民人等，以其慘狀告官，
不過公義仍是難以伸張的：

7　毛一鷺：《雲間讞略》，載楊一凡、徐立志主編：《歷代判例判牘》（北京市：中國社會科
　　學出版社，2006年），頁427-432。

> 雖各主業經告追，然或止一人頂罪，或止追贓輕擬，甚有終於拒脫，
> 不獲正法者。彼商旅何辜，茹此荼苦。

為懲辦這些擄掠擱淺海舟的惡行，毛一鷺決定將為首者從重查處，以儆效尤：

> 查諸犯中，稱雄婪贓，可遞、可選為最，應照例編發，以靖地方；蔡
> 鳳、蔡四搶詐有贓，審非戎首，各應論配。蔡五、蔡村、王捨壽聽命
> 打搶，孽非己作；王能、顧約所偷牛茹賄，犯在革前，姑從末減。販
> 鹽、行劫二事，嚴鞫未有顯據，似難深求。其搶詐諸贓，俱合給主。
> 無主者入官。[8]

從上案可知不少擱淺船隻原來未致沉沒，只是被凶民打搶時破船橫遭拆毀。
如果那些居民不是趁火打劫，船隻擱淺原來只是較輕微的航行意外，大抵可
在修理後繼續航程。

三　廣東潮州一起國際船難

　　藉海難慘劇來發災難財，卻不見得是限於上海沿岸獨有的地方風俗。一
六二五年二月發生於廣東潮州靖海一帶的吉亞聖母號（Nossa Senhora da
Guia）擱淺事件，正好與上述毛一鷺的案件遙相呼應。這艘葡萄牙商船由西
班牙屬土菲律賓的馬尼拉起航，原訂以葡萄牙租借的澳門為目的地，不過中
途遇著冷空氣帶來的濃霧而迷失方向。二月十六日凌晨大風將船吹向潮州沿
岸，使船擱淺在淺水處。
　　船上共有二百多名乘客，包括葡萄牙人、西班牙人、日本人、印度人、
摩爾人和黑人，大都泅水上岸去。鄰近瀕海居民初見這批上岸的難民心存畏

8　毛一鷺：《雲間讞略》，載楊一凡、徐立志主編：《歷代判例判牘》（北京市：中國社會科
　　學出版社，2006年），頁560-561。

懼，本來避在遠處，不過他們很快便將目光「轉而盯上隨著生還者漂向岸邊的箱子和桶子。他們開始把漂浮的船貨拖上岸，翻找值錢東西。不久，當地民兵帶著刀和火繩槍抵達，他們的任務乃是把船難倖存者留在登岸處，等軍隊指揮官前來處理。他們也想撿拾船難後沖上岸的東西，但船貨已被村民搶先一步撿走，他們只好找上那些一身濕漉漉的倖存者。」[9]

後來那些民兵殺死了不少難民，並肆無忌憚地將倖存者身上所能找到的財物，全部據為己有。這批難民輾轉到了靖海、潮州府以及廣東省城，由廣東按察使審理他們的情況。為了盡快離境，他們不願追究被殺被搶的案情。在中國待了一年之後，在耶穌會士葡萄牙人陸若漢（João Rodrigues Tçuzzu, 1561-1634）的營救下，他們才獲准返回澳門。[10]對擱淺倖存者的冷漠與凶暴，對外籍難民財物順理成章的搶奪，以及在搶掠後誣陷災民為海盜以隱瞞搶來的財貨，活生生地表現出潮州的沿海居民，並不比他們的上海同胞更願意善待落難的客旅。

四　飄風之例與海禁開恩

雖然崇禎初年時江浙及福建一帶已無海禁，但中國沿海其他地區仍非全面開放，例如廣東除廣州省城及租借葡萄牙的澳門外，其餘地方居民還是不准「海洋接濟」。而且為防葡人入侵，洋船要進入珠江內河，必須在特定時間經查盤核准，否則一概拒諸外洋。可是，就算不准居民與海船貿易或補給，對受暴風或斷桅漏水等意外而緊急靠岸的華洋船隻，明廷仍會因人道理由准其靠岸，這就是「飄風之例」。

9　這些記事原載於西班牙耶穌會會士亞德里亞諾・德・拉斯科特斯（Adriano de las Cortes）的《中國記行》（*Le Voyage en Chine*），經卜正民（Timothy Brook）修潤後，見於氏著（黃中憲譯）：《維梅爾的帽子：從一幅畫看十七世界全球貿易（*Vermeer's Hat: the seventeenth century and the dawn of the Global World*）》（臺北市：遠流出版社，2009年），頁113-122。

10　湯開建、劉小珊：〈明末耶穌會著名翻譯陸若漢在華活動考述〉，《文化雜誌》第55期（2005年），頁35-36。

　　對此條例最詳細的描述與討論，在晚明廣州府推官顏俊彥（1628年進士）的審語結集《盟水齋存牘》。顏俊彥為浙江桐鄉人，在廣州任事的時間為崇禎元年至六年（1628-1633）。[11]《盟水齋存牘》所載案例，即反映了崇禎初年廣東海岸的情況。在「閩商闖入郭玉興等」一案中，顏俊彥指出郭玉興等閩商據「飄風之例」突然闖入粵地。「飄風名色向年間有之，邇來海上多事，功令期嚴，未有敢輕犯國禁者。」本來顏氏只擬多加罰款結案，但覆審此案的巡按御史卻以為，「若曰折桅飄風，則沿海數萬里何處不可暫泊，俟風息而即歸閩。乃滿船列械，竟揚帆入粵省，豈風伯亦惟從奸徒之所欲之耶？」因事關海疆安全，御史主張寧枉無縱，不聽「飄風之例」而改以違禁下海治罪。[12]從此案可見「飄風之例」就是允許因折桅飄風損害的舟船，在海禁之地靠岸避風休整，而只以罰款處置的人道安排。

　　顏俊彥另外處理一宗「詳高廷芳等洋船回閩」案件，也是圍繞著應否放行引用「飄風之例」的外來船隻。顏氏指出他的前任上司有疏云：「別項外海船詭稱飄風、蹤跡閃爍者，市司不許妄申報餉，該衙門不許輕准放行。」由此可見海商及守土奸吏有借「飄風之例」來迴避海禁，謀取私利。此外，顏氏在此案中也交代了「飄風之例」的執行細節，就是若奉上司批准「法外開恩，許其一行，則請委官盤驗，除舟中尋常所需外，不許夾帶違禁貨物，庶幾其可」。[13]在「洋船闖入內地黃正等」一案，顏俊彥則被上司巡海道臺指派，到以「飄風」名色突入內河的船上查盤，「本道所謂別無夾帶，正所謂查其來歷，所謂盤驗封固候解審定奪，即所謂再議發落也。」顏俊彥雖盡力推辭此任，然最後仍是依各上司之命上船查驗，果發現此船確是託名飄風，而夾帶私貨。[14]從以上數例可見，崇禎初年廣東沿岸官吏，確有理由對聲稱遭遇海難事故的船隻，加以懷疑而少施恩惠。這與清初以後幾乎無條件地對

---

11 有關顏俊彥完整傳記及《盟水齋存牘》成書情況，見本書第五章。

12 顏俊彥：《盟水齋存牘》（北京市：中國政法大學出版社，2002年），頁77-81。

13 顏俊彥：《盟水齋存牘》（北京市：中國政法大學出版社，2002年），頁487-488。

14 顏俊彥：《盟水齋存牘》（北京市：中國政法大學出版社，2002年），頁699-702。

各國漂流船隻船員大加恩恤照顧，似有天淵之別。[15]

五　藉擱淺船難而興訟投機的惡行

　　船隻擱淺而貨物為瀕海居民搶盜，似乎是明末的普遍情況，而毛一鷺等前線法官，更對此類惡行咬牙切齒。於是便有於風波中失去財貨的客商，意圖利用官方同情的眼光，誣陷沿海民眾，以勒取賠償填補損失。收在崇禎六年（1633）蘇茂相（1592年進士）所編著《大明律例臨民寶鏡》中的《新奇散體文法審語》，便載有晚明福建地區堪作官員參考之案例，當中以「搶奪類審語」的「誣搶」一例，最能反映客商誣告沿海居民的弊病。案中原告李文，在福建碧頭洋遭風打破所運四百餘根杉木，卻誣告居於水路數里之外的傅解初，領頭搬搶了其中的二百根，而另外二百餘根則漂至鳳岐澳，由劉族代撈安頓。審理此案的法官認為，傅解初「以數里之遙，而搬搶杉木亦甚難」為據，指斥李文誣陷平民的罪行。[16]

　　其實船隻擱淺意外一旦發生，受害人可以分為兩類：第一類是船隻的主人及船員，不論所載財貨是否他們擁有，船隻一旦受損，就等於他們受到傷害了；第二類是乘搭或托運貨物的客人，他們的財物因落水、沖散或搶掠而失蹤，就算最終保住了船隻，仍然承受重大損失。這兩類人的利益並不一致，往往在保住性命後便互相責怪，甚或藉海難投機取巧而興起訴訟。《新

---

15 前人已對清代撫卹外國海難船發表多項研究成果，具代表性的有湯熙勇：〈清順治至乾隆時期中國救助朝鮮海難船及漂流民的方法〉，載朱德蘭編《中國海洋發展史論文集·第八輯》（臺北市：中研院社科所，2002年）及李少雄：〈清代中國對琉球船隻的撫卹制度及特點〉，《海交史研究》第1期（1993年）。近年對有關議題較全面的研究，參孟曉旭：《漂流事件與清代中日關係》（北京市：中國社會科學出版社，2010年），頁91-121。

16 不著撰人：《新奇散體文法審語》，載楊一凡、徐立志主編：《歷代判例判牘》（北京市：中國社會科學出版社，2006年），頁212。有關《新奇散體文法審語》所載案例的分析，其中所反映多為閩中情況，以及判牘大多可能是蔡善繼（1601年進士）的作品等分析，見譚家齊：〈晚明《律例臨民寶鏡》所載《新奇散體文法審語》的史料價值及其所反映之閩中社會情況〉，載李金強、郭嘉輝編：《從明清到近代——史料與課題》（臺北市：萬卷樓圖書公司，2018年），頁145-161。

奇散體文法審語》之「搶奪類審語」，另載有「船破誣搶」一例，生動地描述了這兩類受害人之間的矛盾。案中原告莊蘭，租用船戶劉見虞之船運米。他們卻不幸遭遇衝礁破舟之劫。事後莊蘭上告官府，責令劉氏償還損失米糧。不過他竟將原有實數的三百六十包，說成是五百七十包，以圖對失去船隻的劉氏落井下石，藉此意外賺取額外賠償。經查證貨量後，審理法官對此等哄騙手段極為厭惡，說「此時可欺，誰不可欺？此數可冒，孰不可冒？人之無心，一至於此！」為懲此「不良久矣」的「閩俗」，便對莊蘭從重治罪，「以阻刁風」。[17]船隻擱淺事件中的受害人，並不一定都是同舟共濟的好夥伴，而且大多不是息事寧人的善男信女。

　　《盟水齋存牘》內也載有不少類似的案例，更具體地展現了經擱淺船難後，各類受害人於賠償問題上的角力。在「刁訟張儀韓」中，張進吾附搭船戶林念真之船自海南島販檳榔回廣州，不幸途中觸礁而覆舟失貨。後來林念真僱漁民打撈落水貨物，只尋回十分之一。於是各人協議攤分損失，原貨每百包取回十四包。可是張進吾後來聽自稱兄弟的張儀韓教唆，要求林念真盡數償還損失之數。顏俊彥認為各商早有協定，張儀韓節外生枝是刁訟惡行，即判其取討無理。「設令諸客盡如進吾，群起而責之，念真即齏粉，其身亦無從分派矣。」[18]若非有同情的法官，船主林念真將會雪上加霜，在損失船隻外再要付出鉅額賠償。

　　船隻擱淺或遇風飄流，他船幫助撈回泡水財物，有時也會釀成訴訟的。在「誣盜曹槐生」一案中，何肖蘭幫助郭瑞進打撈遇風落海的衣物，竟然因索謝啟釁。而奸吏曹槐生更因投資在郭瑞生的貨物之中，為要取回貨本而「欲盡致撈救諸人於盜，且閃爍其名，亦不法甚矣」。[19]雖然何肖蘭在助人後索謝於義有虧，但撈救飄風人貨還給原主，卻仍要承擔被誣為盜的風險，這種風氣對見義勇為的善行，肯定造成了不少打擊的。

17　《新奇散體文法審語》，載楊一凡、徐立志主編：《歷代判例判牘》（北京市：中國社會
　　科學出版社，2006年），頁213。

18　顏俊彥：《盟水齋存牘》（北京市：中國政法大學出版社，2002年），頁136。

19　顏俊彥：《盟水齋存牘》（北京市：中國政法大學出版社，2002年），頁682-683。

另外，在「載鹽被沒鄧何鳳等」一案中，顏俊彥解釋了官方規定運舟失事時具體的賠償安排。原告溫明原僱鄧何鳳船運載引鹽，但鄧船在廣府對開河南角停泊時，被斷纜飄來的另一船隻壓破船艙，以致載運屬於溫明的引鹽漂沒。鹽司已判鄧何鳳賠償運費及部分鹽價，但溫明不服而引廣東的《河例》，稱「船戶承裝引鹽，如有上濕下漏照價賠償，疏虞沒沉，追還水腳，仍追本船還商。」眾鹽商皆供稱有此條例，不過顏俊彥以未見此例有文獻記載為由，而只參照見在律例審判。他指出《大明律》規定「起運官物，若船行卒遇風浪及失火延燒，或盜賊劫奪事出不測而有損失者，申告所在官司，委官保勘覆實，顯跡明白，免罪不賠。」[20]對官物仍是如此處理，何況引鹽。顏氏以此事純屬意外，未見鄧何鳳有疏忽之處，故此仍維持鹽司原判。[21]雖然顏推官以律例來判明此案，但廣東內河有商例如此，而且似乎行之已久，船戶運鹽時必定戰戰兢兢了。

六　結論

本章說明了在明末中國沿海地方，原來並不特別嚴重的船隻觸礁意外，竟會為航海商旅帶來致命後果；就算虎口餘生，財貨亦必遭洗劫！在晚明的海濱如果遭此厄運，留在船上有沉船及斷水斷糧之險，而決心登岸卻又可能面對沿海凶民的搶略、兵弁的刀槍及官府的質疑與嚴訊。西諺有云「從熱窩跳進火堆（From the pot to the fire）」，似乎就是這種進退兩難張力的最佳寫照。不過，更令人不安的竟然是這些意外的危機並不全然是來自在船外的，因為同船的乘客、搭載的貨主，甚至生意上的夥伴，隨時會在拾回性命後在公堂上為錢財的損失，不擇手段地謀奪你的餘資。翻過凶險的渡濤，這些難友還要在司法上拚個你死我活。

正因為近海航行異常凶險，船隻出洋貿易便慣採深洋水道，而航靠近岸

---

20 劉惟謙編、懷校鋒點校：《大明律》（北京市：法律出版社，1999年），卷7，「戶律」，「轉解官物」條，頁75。

21 顏俊彥：《盟水齋存牘》（北京市：中國政法大學出版社，2002年），頁401。

時亦必選海員極熟悉的鄉故之地——除了認得水文細節，一旦船隻擱淺或能因親故紐帶，而受較仁慈的對待。因此除了政府政策及環境因素外，這些令人不安的風險，或多或少讓十七世紀的中國海洋貿易網絡，集中在由重要港口直接聯絡外國商埠，而少有如明初以前一般，形成聯絡各大港之間的沿岸淺海航道系統。[22]雖然中晚明時先後有儒者如羅洪先（1504-1564）及王宗沐（1523-1591）等有刻印沿海地圖，甚至恢復明初海運的議論，而陳祖綬的《皇明職方地圖》（1635年刊刻）更附有海道計程、礁石趨避及八卦占風口訣等實用內容，[23]但終究流於紙上談兵，官民罕有響應。[24]此或基於漕運已甚便利和官方仍有一定禁制之緣故，卻應與實際航海者深切體會前述近海航船風險不無關係。

　　明亡清興，滿州新統治者初時實施了比明代海禁更徹底更殘暴的「遷海」政策。在統一臺灣後才逐漸開放海洋。後來他們更認真看待自己在朝貢制度中天下共主的身分，逐漸發展出對遭遇海難的外國人救助制度，甚至連西方傳教士所辦的《中國叢報》與《東西洋考每月統記傳》都對此制度讚譽有加。此外，清代時環中國海的東亞各國，亦會透過「朝貢制度」，將遇難的外國人送回往返，可見當時東亞自有一套充滿人道及互助精神的國際秩序。[25]這跟明代沿海官民對海洋活動虎視眈眈，伺機發災難財的態度不可同日而語，從此大抵可見明清時代對海洋管理逐漸進步的軌跡。

22　例如晚明黃汴的《一統路程圖記》在記載江南沿海各省的商路時，即無收入沿海水路。見楊正泰：《明代驛站考》（上海市：上海古籍出版社，1994年），頁145-217。有關宋元代海運興盛情況，見傅林祥：《交流與交通》（南京市：江蘇人民出版社，2011年），頁88-99、107-113。

23　陳祖綬：《皇明職方地圖》，載《玄覽堂叢書三集》，冊15，頁32a-36a。

24　樊鏵：《政治決策與明代海運》（北京市：社會科學文獻出版社，2009年），頁293-334。

25　郭嘉輝：〈清道光前期（1821-1839）廣東對海難救助之研究——以歐洲船隻、船員為例〉，《海洋史研究》第8輯（2015年11月），頁149-171。

第九章

虛中有實：晚明《警世通言》所載司法事件的法制史解讀

一 引言

晚明的《三言》，即《喻世明言》、《警世通言》及《醒世恆言》等三部馮夢龍（1574-1646）所編著的短篇小說集，被後世視為明代通俗文學的代表作，也是反映中國近世日常生活的史料寶庫。馮夢龍，字猶龍，號翔甫，又號姑蘇詞奴，蘇州吳縣人。崇禎時貢生，曾為福建壽寧縣知縣，崇禎十一年（1638）去職，時年六十五歲。任內「政簡刑清，首尚文學，遇民以恩，待士以禮」，頗有著聲。北京失陷後，馮氏仍忠於明室，編《甲申紀事》以記其事，後於隆武二年卒，年七十三。[1]馮氏少年時為風流才子，豪氣干雲，多留流連於教坊司中，迷戀官妓、歌女，當中也產生了不少真感情，因而在他的故事中所載的才子佳人愛情故事，或源於他自身的真實體驗。不過放浪好玩，卻誤了他的舉業，使他終身未中進士。仕途的挫折讓他明白以監生身分入仕的苦楚，故此在《三言》中特別維護在官場中舉步維艱、出身監生或胥吏的低級官員。[2]不過，因為馮夢龍編著《三言》乃在青壯之年，當時仍未為官，故此書中一切有關官場腐敗、司法不公的情節，大抵只屬杜撰或聽聞，未可逕視為馮氏親歷的一手經驗。

《三言》中最早問世的《喻世明言》，原名《古今小說》，而《警世通言》和《醒世恆言》就是《古今小說》的續刻。《警世通言》初刊於天啟四

1　《明人傳記資料索引》（臺北市：中央圖書館，1978年），頁625。

2　徐文助：〈《警世通言》考證〉，載馮夢龍《警世通言》（臺北市：三民書局，2008年），頁1-6。

年（1624），載有白蛇傳、杜十娘、唐伯虎點秋香等今人耳熟能詳的戲碼。與
另外兩部同系小說一樣，《警世通言》一方面收錄與改編了不少宋元以來的戲
曲小說，另一方面也載入了馮夢龍因耳聞目睹而加以想像的新創故事，後者
多以明代為背景，較其他舊有故事更能反映明代的情況。全書共分四十卷，
就是四十個互不相干的短篇故事。據近人對《三言》內容的統計，《警世通
言》有關神鬼仙怪的故事達四成以上，似著重於以神鬼之說抑惡揚善。[3]

　　本章從《警世通言》入手，探索司法在馮夢龍的藝術世界中所占的角
色，並且重新審視此類話本小說作為法制史史料的效用與意義。在展示小說
史料的特別功用之同時，也推薦正確的研究態度和解讀方法。文學作品可供
消閒與修養。當我們閱讀這些作品時，大可按照自己的目的自由自在地解
讀。不過，若果將這些小說情節，視為反映明代社會生活，以至典章制度的
史料時，卻需要嚴肅的讀法與正確的態度。不然便會將幻想與現實、特例與
常態混為一談，結果只會徒增誤解，無助於認識過去的實況。

　　為何要細讀此類小說的司法事件以認識法制歷史呢？因為小說的目的並
不在介紹制度，故此所提供的資料多為無意的記載，也沒有官方隱惡揚善的
限制。此外，由於小說是由民間的作者或緊貼民眾生活的編者所著，更能站
在民眾的角度看司法及其他制度，也可能反映一些官員習以為常，而不會詳
加記載的制度運作情況。這些訊息足可補充與引證官方史料。另一方面，
《警世通言》也論述了司法不公和地方豪強扭曲法制等惡行，大抵可與晚明
的其他法制史料相呼應，有助於反映明代或以前朝代法制的缺失。這些都是
《警世通言》的特殊史料價值。

二　反映司法制度實際的運作情況

　　近人對中國法制史的研究，多在描述與考證各種制度與沿革，少有講述

3　楊永漢：《虛構與史實：從話本「三言」看明代社會》（臺北市：萬卷樓圖書公司，2006
　年），頁44。

案件如何進入司法程序，或各級官員如何互動等等制度上的運作情況。馮夢龍因為要交代情節的推展，很多時候就有意無意地將有關的運作描寫下來。

（一）狀子、提告的手續

在傳統中國要展開司法程序，原訴人必須先備好向被告人提訴的狀詞，然後法庭才會受理案件。一般人走到法庭大吵大鬧，就只有吃板子的分兒。故此文盲實難以自己告官，必須僱人代書。於是狀師這職業便逐漸形成。為免奸人包攬詞訟，明政府規定各級衙門外設書手，收取費用後替平民寫狀。而在晚明出版的日用百科全書，更常有寫狀的套語和範文，教導稍為識字的小民自行立狀。然而赤貧而文盲者，實在難以開啟司法的大門。在〈蘇知縣羅衫再合〉故事中，蘇夫人遇盜後與丈夫蘇知縣失散，在誕下兒子後避入尼庵為女道。十九年後，蘇夫人外出找尋兒子，適巧新任江蘇察卷巡案御史徐繼祖到境。蘇夫人雖欲將冤情告官，無奈一介女流，更不識字而寫不得狀子。這情節在揭示文盲的苦況之餘，更顯出當時女性告狀或惹人非議，而且沒有狀子，法庭也不會受理案件。後來幸得一位善長意外地知悉她的冤情，便為她買了一張三呎三長的綿紙，寫出以下狀詞：

> 告狀婦鄭氏，年四十二歲，係直隸涿州籍貫。夫蘇雲，由進士選授浙江蘭溪縣尹。於某年相隨赴任。路經儀真，因船漏過載。豈期船戶積盜徐能，糾夥多人，中途劫夫財，謀夫命，又欲奸騙氏身。氏幸逃出，庵中潛躲，迄今一十九年，沉冤無雪。徐盜見在五壩街住。懇乞天臺捕獲正法，生死啣恩，激切上告。[4]

後來鄭氏便找著徐御史，衝破攔阻而遞上狀子。而其失散丈夫蘇雲恰巧也向操江林御史狀告徐能，而馮夢龍便也將他的狀子寫了出來：

4　馮夢龍：《警世通言》（臺北市：三民書局，2008年），卷11，頁140。

> 告狀人蘇雲，直隸涿州人，忝中某科進士。初簡蘭溪知縣，攜家赴
> 任，行至儀真。禍因舟漏，重僱山東王尚書家船隻過載。豈期舟子徐
> 能徐用等，慣於江洋打劫，夜半移船僻處，縛雲拋水，幸遇救免，教
> 授糊口，行李一空，妻僕不知存亡。勢宦養盜，非天莫剿，上告。[5]

從以上兩例可見，狀子內容包括告狀人姓名、年齡及籍貫，案情的簡要
交代，以及被告的姓名與欲告的罪名。這些繪形繪聲的狀紙與明代教寫狀紙
著作所載的範文十分相似，大抵可反映明人告狀時的情況，甚至可供讀者依
樣葫蘆地寫他們自己的狀子。

（二）越訴

不過鄭氏這次告狀真是冒著極大的風險的。除了因為徐御史就是徐能的
養子外，還因為這樣的提告可被視為「越訴」。根據明代法律，案件的一審
應在案發地方由當地縣官處理，原告人在司法不公或處理不當時，才可向上
級衙門逐級上訴。由於明代的巡按御史可說是各省最高的審級，若越訴者所
告非實或不能證明下級衙門不可妥為辦理他的案件，是可受刑罰的，一般是
笞五十；但如所告是重罪而不實，則從重論罪。相對而言，蘇雲因有正式的
官文書訓練，狀內針對徐能的勢宦背景，暗指下級衙門將不堪壓力而扭曲司
法，故此是迫不得已才靠越訴御史來鳴冤，以這種寫法越訴便不易獲罪了。

正因為越訴者可受笞杖，當徐御史擔心鄭氏所告可能會危及養父徐能的
時候，同僚周兵備（道臺）便提議徐繼祖在翌日開庭時將鄭氏「不小心地」
杖死，以除後患。雖然為存孝道，借杖殺人仍是鄙陋所為，但鄭氏犯上「越
訴」在先，亦確有被責打的理據。幸好徐御史突然知悉蘇雲夫婦就是親生父
母，於是親自將徐能等一眾誘到擒拿。但因迴避的緣故，他將人犯解送操江
林御史處發落，各盜亦因強盜得財而問斬。最後蘇知縣一家團圓，故事便完
滿地結束了。

---

5 馮夢龍：《警世通言》（臺北市：三民書局，2008年），卷11，頁143。

（三）縣官審案後的覆審情況

在一般的情況下，案件應由知縣初審。在「玉堂春落難逢夫」故事中，山西洪同縣王知縣收了姦婦皮氏一千兩賄賂，竟判處為皮氏之夫沈洪拐為側室的從良妓女玉堂春毒殺親夫之罪，更將她關在牢房，讓禁子牢頭找個機會呈遞病狀為掩飾，結果其性命。就在這危急的關頭，新任山西巡按到縣察卷，查知箇中弊端令形勢逆轉。這位新任的王姓御史，就是與玉堂春在青樓中山盟海誓，要娶她為妻的有情郎。

馮夢龍就在這情節上，詳述了巡按御史如何明查暗訪縣官司法的表現。巡按先到洪同縣所在的平陽府察院駐留，讓各縣的知縣呈上案件的卷宗。待發現玉堂春的疑案，即私下暗訪洪同縣搜集與案件有關的證據。他再回到省城，星夜發牌要按臨洪同縣，提出審錄——就是要對該縣疑案的人犯再度審訊。王知縣隨即吩咐刑房吏書，連夜開寫停當，以備翌日送審。到次日清晨，王知縣坐在監獄門口，把應解犯人點將出來。犯人都披枷帶鎖，隨解子走到察院門口等候。待巡捕官報告後，巡按便逐一發牌召人犯面審。而身懷鳴冤狀紙的玉堂春便當庭呈上，讓王御史委任隨行協助的劉推官，再帶玉堂春回推官衙門詳加審訊，也將涉案的皮氏與黨羽押來拷問。[6]有關情節詳細記述了經知縣一審之後，案件再為巡按御史察卷、調查、審錄、再審，以及推官跟進的細節，並點出各個崗位的具體工作，足可補充知見明末案例中各級官員互動的未明之處，例如推官為何要常對巡按御史作出報告，或巡按在甚麼關節上會直接審問人犯等等。

（四）推官的地位與陞遷

上述故事也表現了明代的府推官如何與御史合作：陪同巡按在府中審察卷宗，以及同去各屬縣審錄後，再將御史轉介的犯人帶到自己的法庭重審。

6　馮夢龍：《警世通言》（臺北市：三民書局，2008年），卷24，頁351-352。

在重審的過程中，犯人、原告、既有的和新增的證人都會被傳召盤問。如有
需要，更會進行新的調查。故事中的劉推官，在刑求而不得要領後，就派一
名心腹書吏暗藏於一大櫃中，接著將櫃置於皮氏一黨中間，悄悄的將他們的
對話記下，並以此為據再次拷問，終於讓真正的殺人犯乖乖招供。馮夢龍更
載有一道劉推官對是案的判辭：

> 皮氏凌遲處死，趙昂斬罪非輕。王婆贖藥是通情，杖責段名示警。王
> 縣貪酷，罷職追贓，不恕衙門。蘇良買良為賤合充軍，一秤金三月立
> 枷罪定。

判內的趙昂是皮氏姦夫，同謀殺皮夫沈洪；王婆是兩人媒人，並且提供砒
霜；段名是沈洪的丫嬛，無意中幫助皮氏藥殺其主，後又不將玉堂春不在場
的證據如實供出；王知縣就是受皮氏賄一千兩將玉堂春入罪之縣官，而其屬
吏大多通同受賄，因而也一同受罰；而蘇良及一秤金，就是同謀將玉堂春拐
賣予趙昂的青樓龜公龜婆。劉推官的判刑與《大明律》對相關罪行的處罰，
以及晚明判牘上處分類同罪行的方式是大抵一致的，唯是對官吏貪贓枉法的
判刑較輕，而這也見於判牘上以追贓為主，而不太對官吏施刑的做法，似顯
示晚明的實況。[7]

除此處外，在「王嬌鸞百年長恨」故事中，也見推官陪同巡按御史按縣
的情節。[8]這些詳盡的描述，說明了不少由晚明推官撰寫判牘之不明白之
處，因為他們原沒有交代如何與巡按合作、基於什麼制度而代巡按詳細研審
案情，以及這些判牘在司法制度上的作用等等。有了馮夢龍的情節，這類判
牘的來龍去脈便一清二楚了。

在《警世通言》中，也交代了晚明府推官的陞遷脈絡，再補充其他零碎
的史料，便可重組這個鮮為人知的前線法司的任命與晉陞情況了。例如玉堂

---

7 馮夢龍：《警世通言》（臺北市：三民書局，2008年），卷24，頁352-354。

8 馮夢龍：《警世通言》（臺北市：三民書局，2008年），卷34，頁508。

春的戀人王御史，中進士後在刑部先觀政三月，便被委任為真定府推官〔理刑官〕。⁹而非進士出身者，對推官職位只有望門輕嘆。他們多以縣輔官為首任，就算陞到府政府中，也只任通判一類官職，推官職位也只留給進士擔任。這也可見於「趙春兒重旺曹家莊」的故事。曹可誠以監生入仕，初任福建同安同知，接著陞為泉州府經歷。爾後再陞任廣東潮州府通判。¹⁰相對而言，進士出身的推官，在司法與監察一途上前途無可限量，因為有著「推知行取」這一晉陞途徑，任滿稱職，即有機會由皇帝親自選任為在京的六科給事中，或是被派到當各省的巡按御史。上述玉堂春的情郎王御史，就是因初任推官時「官聲大著，行取到京」，而被點為山西巡按的，這正與《明史》有關晚明官制的描述互相呼應。¹¹

三　展示了明代司法制度可能出現的流弊

　　在表現明人司法運作的時候，馮夢龍有意無意間也展示了當時司法的流弊。不過，要討論《警世通言》反映的明代司法問題，首先要注意故事發生的時代。如將不同時代的司法問題皆問責於明代，無助於認清明代特有的問題；而且故事的來源或自前代，往時司法的情況也非馮夢龍所長，自難有作為史料的參考價值。當然，從那些以明代為背景的故事可見，除了上述的官員受財枉法外，當時的地方司法可能也出現了以下的多種弊端：

（一）刑訊問題

　　《警世通言》反映了明代司法制度的嚴重矛盾——設若刑訊人犯不能拷出罪狀，雖然按法捕官要受反坐之法，卻反過來讓已行刑訊的捕隸不敢罷手而再三誅求，必將疑犯屈打成招方保無罰。這個原來善意的保民規定，因而

9　馮夢龍：《警世通言》（臺北市：三民書局，2008年），卷24，頁345。

10　馮夢龍：《警世通言》（臺北市：三民書局，2008年），卷31，頁459。

11　馮夢龍：《警世通言》（臺北市：三民書局，2008年），卷24，頁350-351。

反過來極易造成冤獄。在「金令史美婢酬秀童」故事中，秀童被金令史懷疑是賊，便讓陰捕如法吊拷。但秀童因沒作賊而忍痛不招。馮夢龍指出：

> 原來《大明律》一款，捕盜不許私刑吊拷。若審出真盜，解官有功。倘若不肯招認，放了去時，明日被他告官，說誣陷平民，罪當反坐。

因此眾捕唯有以種種夾拷，幾乎將秀童打死，才讓他屈打成招。[12]以常理推斷，多數犯人是不會輕易承認罪行的，而確鑿的證人證據又不是常常可得，故此在這時代刑訊自有它的用處。不過《大明律》一心保護小民免受無理拷訊的權利，卻可能在執行上反造成更嚴重的拷打與冤情，這也是立法者不可全盤預計的。至於受刑者是否有罪，作者及讀者自然知道，但小說中也有不少刑訊求得案發實情的例子，[13]並非可一概而論為一無是處的。刑求，可說是傳統法制中的必然之惡吧！

（二）豪強及有勢之家扭曲司法的問題

在打官司的時候，與訟相方經常是不公平地對抗的。有財有勢者往往大占上風，古今中外皆然。從《警世通言》的多個故事可見，平民常會害怕與有勢之家打官司，甚至唯恐連累，連收容欲打此類官司的人仕也不敢。例如，在「蘇知縣羅衫再合」中，當蘇雲在河邊獲救，欲向附近的好心人求助時，「陶公是本分生理之人，聽得說〔蘇知縣〕要與山東王尚書家打官司，只恐連累。」[14]可見勢家讓平民生畏，足可橫行霸道。而地方豪強如果官司失利，更可能求援於任職京官的親族，再由上而下地施加壓力，影響前線官

---

12 馮夢龍：《警世通言》（臺北市：三民書局，2008年），卷15，頁197。

13 例如馮夢龍：《警世通言》（臺北市：三民書局，2008年），卷33，頁486-487。有關晚明判牘資料及話本小說刑求問題的系統分析，見譚家齊：〈晚明判牘與小說資料所示的刑訊原則及效用爭議〉，《法國漢學》（罪與罰──中歐法制史研究的對話）第16期（2015年），頁259-282。

14 馮夢龍：《警世通言》（臺北市：三民書局，2008年），卷11，頁136。

員斷案。如「桂員外途窮懺悔」故事中，牛公子打輸爭地官司，便寫家書一封差家人送往京師，捏造案情，要其父打通關節，讓京官朋友囑咐地方上司官，訪拿他的對頭來出氣。[15]類似的豪強挾京官扭曲縣官判決的事件，也見於晚明的判牘。只是這些案件如被推官及巡按御史覆審，便常會曝露出來。在明代的覆審制度中，地方豪強似乎也不是可以完全隻手遮天的。

　　除上述問題外，《警世通言》也多載捕快皂隸貪汙濫權的例子，這也可與晚明判牘中對貪吏多方的批判相互引證。[16]

　　我們如何理解上面提及的司法問題呢？這些扭曲司法的情況在小說中出現，是否就意味著它們是非常普遍的現象，因而我們可結論明代的司法是相當腐敗黑暗的呢？要建立這種說法，卻必須有大量的直接證據才可以歸結出來。不過，從現見晚明府推官的判牘（如顏俊彥的《盟水齋存牘》）看來，由於明代擁有這些府級的專職司法官，更有省內層層的審級，再加上巡按的不時按臨，以及蒙冤者越訴的可能，所有這些加在一起，總會對負責初審的縣官構成一定的壓力吧！腐敗之事固然無可避免，但肆無忌憚的扭曲法律，似乎也並無可能。於是，我們似乎應想一想小說資料的特性，才可再下結論。

　　首先，嘩眾取寵是小說吸引人的地方，文學所載的是極端事件或杜撰情節，而非司法的常態。如果說的都是常態，就沒有什麼可觀之處了。此外，作者就是小說中的上帝，他們對故事中各人的行為、性格和心態都瞭若指掌。然而在現實世界中，法官並不比作者或讀者更清楚各人的心理或事實的全部，誤判或錯用刑罰，也並非一定是受賄與奸頑的結果。揣斷自然常有，無心的錯誤更是不可避免的。對著原告、證人及犯人時，法官也不能絕對肯定各人吐實與否，更不可能如小說作者般清楚各人的心事，或如親歷般瞭解事實的全部。要讓善惡各得其所，或多或少需要一些運氣，甚至鬼神的幫助吧！

　　如果抱著先入為主的偏見，而又未對明代的法制有深入的瞭解，便很容易出現嚴重的誤讀。茲舉一例說明。近人有討論《三言》與明代社會關係的

15　馮夢龍：《警世通言》（臺北市：三民書局，2008年），卷25，頁370。
16　例如馮夢龍：《警世通言》（臺北市：三民書局，2008年），卷24，頁349。

研究，其中討論司法的一章，引用了《警世通言》的「況太守斷死孩兒」，以說明故事中知府況鍾判刑的隨意性。該文以為：『支助是最難判的，原因是支助沒有親手殺人，甚至事前不知有人被殺；他雖然逼姦，但是逼姦不遂。〔雖然被迫者最後自殺，〕若依明律，只有「強姦者，絞；未成者，杖一百，流三千里」，再加「威迫人致死」〔之律〕：「凡因事威逼人致死者，杖一百。……並追埋葬銀一十兩。」兩項罪名皆不至於死，況鍾所判，未免重了一點。』[17]查況太守的審語中對支助的惡行確有「宜坐致死之律，兼追所詐之贓」。[18]但是上文卻將支助所受的「致死之律」視為死刑，由此便非議況鍾用刑太重，指斥他不依律例。這真是冤枉啊！事實上，這裡的「致死之律」，是「威迫人致死」之律的簡稱，況太守只依常律辦案，未有動用死刑，這真是明顯不過的了。這裡反映近人太容易與古人「商榷」，失去虛心瞭解明代法制的機會，於是便出現了這種錯誤。上引著作，其實已經算是以明代資料論說明代事情的認真著作，但即已錯漏百出了。而在其他較為馬虎的著作中，當它們引用小說來論說中國傳統司法的著作時，這類基本的錯誤更是不勝枚舉，令人汗顏。究其原因，在於以今非古的態度，以及忽視小說只重非常而輕日常之特性。

四　馮夢龍小說世界裡的法律與正義

在馮夢龍或他同時代的讀者眼中，法律與正義是否站在同一陣線？兩者會否偏離甚至矛盾？單靠司法又能否伸張正義？在〈三現身包龍圖斷冤〉故事中，被妻子與姦夫謀殺的孫押司，三度向生前的婢女顯現，以求新任知縣包青天助他申冤，將姦夫淫婦繩之於法。[19]冤魂不以法術直接向凶徒索命，卻要用盡方法，假法官之手將奸人置於法律制裁之下，這代表什麼呢？在

---

17 楊永漢：《虛構與史實：從話本「三言」看明代社會》（臺北市：萬卷樓圖書公司，2006年），頁264、271。

18 馮夢龍：《警世通言》（臺北市：三民書局，2008年），卷35，頁520。

19 馮夢龍：《警世通言》（臺北市：三民書局，2008年），卷13，頁158-171。

〈況太守斷死孩兒〉中，冤死嬰孩還是以鬼哭驚動蘇州知府況鍾，讓他伸冤而將姦人支助繩之於法。鬼魂不直接將支助拉入水中淹死，仍是求法官斷案而伸冤。[20]從以上兩例可見，在馮夢龍眼中只要斷獄得人，司法是可以伸張正義的。甚至連鬼神也視司法制度為伸冤的優先手段。神怪的情節，只為讓法律得以順利施行而已。

　　順帶一提，在馮夢龍筆下，司法也可為愛情主持公道。在「宿香亭張浩遇鶯鶯」中，才女李鶯鶯向法官申狀，要求法庭捍衛因真情而與張浩結合的私約，並以司法的力量壓倒家長強權下的媒妁脅迫婚約。法官陳公感其真情，判張浩與李鶯鶯為婚。[21]可見在《警世通言》的世界，法律甚至可為愛情主持公道，讓有情人終可成為眷屬。這可是曾編撰《情史》、極誇愛情的馮夢龍，對法律所作的最高致敬！

五　小結

　　《警世通言》等小說內的司法事件，是可以作為法制史史料的。但在處理時必須小心，而且小說內容只屬輔助性質，可用作其他史料的補充資料，卻絕不可作主要甚至唯一的證據。研究者須瞭解小說的特性，認識文學作品的目的與娛樂功能，不能將小說所載的事件都當作事實去理解。因為小說作者比我們更瞭解明代的司法及各種社會情況，他絕對能牽著我們的鼻子走，所以凡事不可盡信，要細心比對當時的其他史料。對只有小說孤證的論點，應持緊慎的懷疑態度。

　　基於同樣的道理，我們更應在古人面前虛心，在未有足夠證據，以及對明代法制有較全面的理解之前，既不可批評小說內的法律應用脫離現實，也不可據此指斥當時的官員隨意用法，反而要先相信事件的合法性。小說中的法官，最少會在表面上跟從既有的法規用法；非有確鑿證據，不可妄指小說人物不顧法律行事，而應反過來想他們如此用法的理據。也不能逕視扭曲法

20　馮夢龍：《警世通言》（臺北市：三民書局，2008年），卷35，頁518-520。
21　馮夢龍：《警世通言》（臺北市：三民書局，2008年），卷39，頁432-433。

律、官員舞弊等非常情節為常態,因為不是極端的情況,是難以爭取讀者的注意力的。我們在對《警世通言》等小說內的司法事件多加批評的時候,應先捫心自問如下問題:「我們對明代法制的認識,難道會比當時人馮夢龍更清楚嗎?」馮夢龍筆下或展現了明代司法的種種弊端,可是在他眼中司法仍是伸張正義的最佳手段。不過要使官員清廉、刑求得當、罪行證據確鑿、犯人口服心服,除了要一些運氣外,或許也需要鬼神的介入與福佑。這非但是明代人對明代的企盼,想必也是古今中外官民對司法制度的普世企盼吧!

結語

　　本書各章原是就明代法律議題及相關史料而各自展開的討論，如今合起來展現的應是明代中晚期司法與社會的萬花筒吧！十六至十七世紀的中國，既有經濟上長足發展而豐衣足食的光明，也有因社會與政治規範崩解而動盪不安的幽暗。在嘉靖時編刊《大明律》新版本的時候，雖因海禁及北方邊禁的問題，漸招倭寇等外患，但明代整體仍呈欣欣向榮之樂觀氣氛。范永鑾等優秀的地方官員，在用心刊佈國家律典的同時，也究心於地方的優良管治。照此趨勢發展，似乎明代應只會一年比一年好下去吧！然而不久以後，在嘉隆政壇急速冒升的張居正，卻為我們展示了一個盜賊猖獗，腐敗由內陸一直延展至沿海的驚險圖像。其中反映的是什麼訊息呢？只有經濟上猛迅的發展，是否就足以建立一個大治之世呢？張居正大抵能在執政時以靈活的手腕令明代由亂入治，他身後的萬曆朝縱有多方不足，仍是傳統中國社會經濟及文化發展的高峰時期。

　　晚明的判牘及話本小說，只要將它們互相比較及小心解讀，即能較清晰地反映萬曆至崇禎初年這個「盛世」的社會景況。臨民的官吏在司法運作上有揚名立萬的私意、有貪汙腐敗的惡行，但仍得跟從行之已久的制度去完成任務。而犯罪的內容雖光怪陸離，但總因貪財好色或怨憤恨忌所致，大概仍在可以正常理解的人性範疇之內吧！此時期正是歐洲天主教成功傳入中國的開端，而判牘史料也反映了部分晚明吏民，對這套有別於中國文化的信仰，有何批判與焦慮。[1]當時無論是由傳統演變或泊來的新信仰，使晚明進一步成為一個「眾聲喧嘩」的時代。不意這個「危中有機」的大盛之世，竟在一心求治的崇禎皇帝治下滅亡了。明亡的原因意見紛紜，但由李自成等「流

1　有關明清法律與天主教發展論題，筆者另有專著討論，不日出版。

寇」先推倒明代的帝國大廈，再由關外的滿清拾得個便宜江山，大概沒有什麼爭議。所謂的流寇，即是盜患失控的惡果。或許張居正早已指出了明代的「痼疾」所在，而箇中「盛世危情」的端倪、吏治的敗壞，以及晚明各地民情的變化，也早藏在判牘與話本小說等史料之中，等待我們以法制史的視角去發掘與重新解讀。

徵引書目

一　傳統文獻

〔南朝宋〕劉義慶編（余嘉錫注）　《世說新語箋疏》　北京市　中華書局　
　　　　1983年

〔明〕劉惟謙編（懷校鋒點校）　《大明律》　北京市　法律出版社　1999年

〔明〕范永鑾修　《大明律范永鑾刻本》　收入四庫全書存目叢書編纂委員
　　　　會編　《四庫全書存目叢書》　臺南市　莊嚴文化出版社　1996年
　　　　史部・政書類　冊276

〔明〕徐階、張居正等纂修　《明世宗實錄》　臺北市　中央研究院歷史語
　　　　言研究所　1965年

〔明〕張居正　〈答中丞孫槐溪〉　載張舜徽、吳量愷主編　《張居正集》
　　　　長沙市　荊楚書社及武漢市　湖北人民出版社　1997年

〔明〕申時行等纂修　《萬曆大明會典》　北京市　中華書局　1989年

〔明〕顧秉謙等纂修　《明神宗實錄》　臺北市　中央研究院歷史語言研究
　　　　所　1962年

〔明〕陳祖綬　《皇明職方地圖》　載鄭振鐸輯　《玄覽堂叢書三集》　南
　　　　京市　中央圖書館　1948年　冊15

〔明〕祁彪佳　《甲乙日曆》　收入臺灣銀行經濟研究室編　《臺灣文獻叢
　　　　刊》　臺北市　臺灣銀行　1970年　冊279

〔明〕顏俊彥著（中國政法大學古籍整理研究所據北京大學圖書館藏明刻本
　　　　點校）　《盟水齋存牘》　北京市　中國政法大學出版社　2002年

〔明〕顏俊彥　《顏彥叔先生聯捷合稿》　善本藏東京日本國立公文書館，
　　　　豐後佐伯藩主毛利高標本　內閣文庫　314-96

〔明〕陳子壯　《禮部存稿》　上海市　商務印書館　1946年

〔明〕憨山德清著（〔清〕譚貞默注）　《憨山老人年譜自序實錄》　北京市　北京圖書館出版社　1999年

〔明〕李清　《三垣筆記》　收入《明代史料筆記小說》　石家莊市　河北教育出版社　1996年　冊4

〔明〕李清　《公餘錄》　北京大學圖書館善本藏書　索書號：C15531.4/4432

不著撰人　《崇禎實錄》　臺北市　中央研究院歷史語言研究所　1962年

不著撰人　《偏安排日事蹟》　收入臺灣銀行經濟研究室編　《臺灣文獻叢刊》　臺北市　臺灣銀行　1972年　冊301

〔明〕馮夢龍　《警世通言》　臺北市　三民書局　2008年

〔清〕陸雲龍輯　《翠娛閣評選王季重先生小品》　北京市　北京圖書館出版社　1997年

〔清〕徐乾學　《憺園文集》　上海市　上海古籍出版社　2002年

〔清〕汪琬　《堯峰文鈔》　收入《四部叢刊》　上海市　商務印書館　1929年

〔清〕楊鳳苞著　《秋室集》　上海市　上海古籍出版社　2002年

〔清〕李漁　《李漁全集》　杭州市　浙江古籍出版社　1991年

〔清〕陳子升　《中洲草堂遺集》　收入王德毅主編　《叢書集成續編》　臺北市　新文豐出版社　1989年　冊151

〔清〕張廷玉編　《明史》　北京市　中華書局　1976年

〔清〕談遷　《國榷》　臺北市　鼎文書局　1976年

〔清〕谷應泰　《明史紀事本末》　收入臺灣銀行經濟研究室編　《臺灣文獻叢刊》　臺北市　臺灣銀行　1959年　冊35

〔清〕計六奇　《鄭芝龍小傳》　收入臺灣銀行經濟研究室編　《臺灣文獻叢刊》　臺北市　臺灣銀行　1959年　冊148

〔清〕谷應泰　《明史紀事本末》　收入臺灣銀行經濟研究室編　《臺灣文獻叢刊》　臺北市　臺灣銀行　1959年　冊35

〔清〕吳廷燮　《明督撫年表》　北京市　中華書局　1989年

〔清〕盛楓　《嘉禾徵獻錄》　收入續修四庫全書編委會編　《續修四庫全書》　上海市　上海古籍出版社　1995年　「史部・傳記類」　冊125

〔清〕張可立修　《康熙興化縣誌》　臺北市　成文出版社　1983年

〔清〕郭爾伋編修　《康熙南海縣志》　北京市　書目文獻出版社　1992年

〔清〕凌魚纂修　《乾隆桂陽縣志》　收入故宮博物院輯　《故宮珍本叢書》海口市　海南出版社　2001年　冊150

〔清〕沈彤編修　《震澤縣志》　臺北市　成文出版社　1970年

〔清〕李廷輝編修　《嘉慶桐鄉縣志》　上海圖書館善本書庫藏清刊本　索書號　014845

〔清〕梁園棣修　《咸豐重修興化縣誌》　臺北市　成文出版社　1970年

〔清〕嚴辰編修　《光緒桐鄉縣志》　臺北市　成文出版社　1970年

〔清〕許瑤光編修　《光緒嘉興府志》　上海市　上海書店　1993年

〔清〕張炎貞編修　《烏青文獻》　上海圖書館善本書庫藏1688年清刊本　線普801906-13　共八冊

〔清〕沈彤編修　《震澤縣志》　臺北市　成文出版社　1970年

〔清〕王永瑞編修　《新修廣州府志》　北京市　書目文獻出版社　1988年

盧學溥編修　《民國烏青鎮志》　上海市　上海書店　1992年

顧光編　《光孝寺志》　收入杜潔祥主編　《中華佛寺志彙刊》　臺北市　明文書局及丹青圖書　1985年

博羅縣志辦公室編　《博羅縣志》　博羅市　博羅縣志辦公室　1988年

不著撰人　《顏氏家譜》　上海圖書館家譜館藏善本　索書號 JP1257

臺灣銀行經濟研究室編　《鄭氏史料初編》　收入臺灣銀行經濟研究室編　《臺灣文獻叢刊》　臺北市　臺灣銀行　1962年　冊157

清國史館臣撰　《清史列傳》　北京市　中華書局　1987年

〔明〕李清（華東政法學院法律古籍整理研究所點校）　《折獄新語注釋》　長春市　吉林人民出版社　1989年

〔明〕李清（襟霞閣主人點校）　《折獄新語》　收入《國學珍本文庫》
　　　　上海市　中央書店　1935年　輯1　冊3

不著撰人　《新奇散體文法審語》　收入楊一凡、徐立志主編　《歷代判例
　　　　判牘》　北京市　中國社會科學出版社　2005年　冊4

〔明〕毛一鷺　《雲間讞略》　收入楊一凡、徐立志主編　《歷代判例判
　　　　牘》　北京市　中國社會科學出版社　2005年　冊3

〔明〕祁彪佳　《莆陽讞牘》　收入楊一凡、徐立志主編　《歷代判例判
　　　　牘》北京市　中國社會科學出版社　2005年　冊5

二　近人著作

卜正民（Timothy Brook，黃中憲譯）　《維梅爾的帽子：從一幅畫看十七世
　　　　界全球貿易（*Vermeer's Hat: the seventeenth century and the dawn of
　　　　the Global World*）》臺北市　遠流出版社　2009年

中央圖書館編　《明人傳記資料索引》　臺北市　中央圖書館　1978年

中國科學院圖書館編修　《續修四庫全書總目提要稿本》　濟南市　齊魯書
　　　　社　1996年

王冠倬　《中國古船圖譜》　北京市　生活‧讀書‧新知三聯書店　2000年

王重民　《中國善本書提要》　上海市　上海古籍出版社　1983年

井玉貴　《陸人龍、陸雲龍小說創作研究》　北京市　中國社會科學出版社
　　　　2008年

丘澎生　《當法律遇上經濟：明清中國的商業法律》　臺北市　五南圖書出
　　　　版公司　2008年

汪世榮　《中國古代判詞研究》　北京市　中國政法大學出版社　1997年

徐忠明　《眾聲喧嘩：明清法律文化中的複調記敘事》　北京市　清華大學
　　　　出版社　2007年

孟席斯（Gavin Menzies）　《1421中國發現世界》　北京市　京華出版社
　　　　2005年

李靈年編　《清人別集總目》　合肥市　安徽教育出版社　2000年

吳豔紅　《明代充軍研究》　北京市　社會科學文獻出版社　2003年

孟曉旭　《漂流事件與清代中日關係》　北京市　中國社會科學出版社　2010年

張杰編　《斷袖文編——中國古代同性戀史料集成》　天津市　天津古籍出版社　2013年

張偉仁主編　《中國法制史書目》　臺北市　中央研究院歷史語言研究所　1976年

韋慶遠　《張居正和明代中後期政局》　廣州市　廣東高等教育出版社　1999年

楊正泰　《明代驛站考》　上海市　上海古籍出版社　1994年

楊永漢　《虛構與史實：從話本「三言」看明代社會》　臺北市　萬卷樓圖書公司　2006年

黃彰健　〈《大明律誥》考〉　載黃彰健　《明清史研究叢稿》　臺北市　臺灣商務印書館　1977年

童光政　《明代民事判牘研究》　桂林市　廣西師範大學出版社　1999年

傅林祥　《交流與交通》　南京市　江蘇人民出版社　2011年

鄭樑生　《明代倭寇》　臺北市　文史哲出版社　2008年

樊　鏵　《政治決策與明代海運》　北京市　社會科學文獻出版社　2009年

樊樹志　《晚明史》　上海市　復旦大學出版社　2003年

戴順居　《明代的強盜案件：判牘中所反映的民間社會治安問題》　臺北市　明史研究小組　2005年

〔日〕三木聰、山本英史、高橋芳郎編　《傳統中國判牘資料目錄》　東京　汲古書院　2010年

〔日〕松浦章　《明清時代中國與朝鮮的交流——朝鮮使節與漂流船》　臺北市　樂學書局　2002年

〔日〕滋賀秀三編　《中國法制史基本資料の研究》　東京　東京大學出版社　1993年

〔日〕濱島敦俊　《明代判牘經典史料研讀課程》　南投縣　暨南國際大學
　　2009年

Hummel, Arthur W. (ed). *Eminent Chinese of the Ch'ing Period* (Taipei: SMC, 2003).

Lo Jung-pang (Critically edited by Bruce A. Elleman). *China as a Sea Power 1127-1368* (Hong Kong: University of Hong Kong Press, 2012).

Needham, Joseph. *Science and Civilisation in China: volume IV: pt.3, Physics and Physical Technology, part III: Civil Engineering and Nautics* (Cambridge, U.K.: Cambridge University Press, 1971).

Von Glahn, Richard. *Fountain of Fortune: Money and Monetary Policy in China, 1000-1700* (Stanford, C.A.: Stanford University Press, 1996).

Will, Pierre-Étienne (ed). *Official Handbooks and Anthologies of Imperial China: A Descriptive and Critical Bibliography* (Work in progress, as of 29 November 2002; work in progress, as of 10 September 2007; work in progress, as of 25 June 2009).

三　近人論文

王春瑜　〈駁《關於〈張居正〉再答論辯學人》〉　《學術界》總第109期
　　2005年1月

王重民　〈李清著述考〉　《圖書館學季刊》第2卷第3期（1928年）　頁
　　333-42

程維榮　〈盟水齋存牘及其反映的晚明繼承制度〉　載張伯元編　《法律文
　　獻整理與研究》　北京市　北京大學出版社　2005年　頁178-191

陳時龍　〈萬曆張府抄家事述微：以丘橓《望京樓遺稿》為主要史料〉
　　《中國文化研究所學報》第53期（2011年）　頁109-135

陳學霖　〈張居正《文集》之閩廣海寇史料分析〉　載陳學霖　《明代人物
　　與史料》　香港　香港中文大學出版社　2001年

吳豐培 〈前言〉 載〔清〕李清 《南北史合注》 北京市 全國圖書文
獻縮微複印中心 1993年

徐文助 〈《警世通言》考證〉 載〔明〕馮夢龍 《警世通言》 臺北市
三民書局 2008年

徐玉虎 〈鄭和下西洋航海圖考〉 載《明清史研究論集》 臺北市 大陸
雜誌 1976年 冊4 頁46-50

李少雄 〈清代中國對琉球船隻的撫恤制度及特點〉 《海交史研究》第1
期（1993年）

葉顯恩 〈晚明珠江三角洲區域情態的忠實記錄──《盟水齋存牘》簡介〉
載氏著 《徽州與粵海論稿》 合肥市 安徽大學出版社 2004年
頁343-349

施洪道 〈明代州縣政府審理刑事案件職能初探〉 《零陵學院學報：教育
科學版》卷2第2分冊（2004年） 頁 37-39

黃嫣梨 〈中國傳統社會的法律與婦女地位〉 載黃嫣梨 《妝臺與妝臺以
外》 香港 牛津大學出版社 1999年

湯開建、劉小珊 〈明末耶穌會著名翻譯陸若漢在華活動考述〉 《文化雜
誌》第55期（2005年）

湯熙勇 〈清順治至乾隆時期中國救助朝鮮海難船及漂流民的方法〉 載朱
德蘭編 《中國海洋發展史論文集・第八輯》 臺北市 中央研究
院社會科學研究所 2002年

郭嘉輝 〈清道光前期（1821-1839）廣東對海難救助之研究──以歐洲船
隻、船員為例〉 《海洋史研究》第8輯（2015年11月） 頁149-171

蘇基朗、譚家齊 〈首輔貪污？──從反貪思想和法律角度論張居正的貪污
罪狀〉 《中國文化研究所學報》第43期（2003年） 頁225-242

譚家齊 〈明太祖御製大誥在洪武朝以後行用情況新探〉 《中國文化研究
所學報》第47期（2007年） 頁73-91

譚家齊 〈待罪廣李：顏俊彥生平及《盟水齋存牘》成書的糾謬與新證〉
《漢學研究》第29卷第4期（2011年12月） 頁201-219

譚家齊　〈進退兩難──從晚明沿岸擱淺船隻的遭遇看東亞海洋貿易的風
　　　　險〉　《明史研究》第13期（2013年6月）　頁196-203

譚家齊　〈《盟水齋存牘》所反映的晚明廣東獄政缺憾及司法問題〉　《中
　　　　國文化研究所學報》第57期（2013年7月）　頁115-131

譚家齊　〈懲貪以滅盜──張居正對晚明地方治安問題的理解及相關的解決
　　　　方案〉　收入南炳文，商傳主編　《張居正國際學術討論會論文
　　　　集》　武漢市　湖北人民出版社　2013年　頁100-108

譚家齊　〈晚明《律例臨民寶鏡》所載《新奇散體文法審語》的史料價值及
　　　　其所反映之閩中社會情況〉　收入李金強主編　《從明清到近代：
　　　　史料與課題》　臺北市　萬卷樓圖書公司　2017年

謝國楨　〈顧炎武與驚隱詩社〉　載謝國楨　《明末清初的學風》　上海市
　　　　上海書店　2004年

〔日〕井上徹　〈明末廣州的宗族──從顏俊彥《盟水齋存牘》看實像〉
　　　　《中國社會歷史評論》冊6　天津市　天津古籍出版社　2006年
　　　　頁21-32

〔日〕松浦章〈明代朝鮮船漂到中國之事件〉《中國社會經濟史研究》第4期
　　　　（2001年）頁48-57

〔日〕濱島敦俊　〈明代の判牘〉　載〔日〕滋賀秀三編　《中國法制史基
　　　　本資料の研究》　東京　東京大學出版會　1993年　頁528–531

Goodrich, L. Carrington and Yang, Chin-yi, "Li Ch'un-fang", Goodrich, L.
　　　　Carrington and Fang, Chaoying (ed), *Dictionary of Ming Biography,
　　　　1368-1644*, vol.1, pp.818–819.

Jiang, Yonglin. "Defending the dynastic order at the local level: Central-local
　　　　relations as seen in a late-Ming magistrate's enforcement of the law", in
　　　　Ming Studies, 43 (2000), 16-39.

Jiang, Yonglin& Wu Yanhong. "Satisfying both sentiment and law: Fairness-
　　　　centered judicial reasoning as seen in Late Ming Casebooks," in
　　　　Charlotte Furth, Judith T. Zeitlin and Ping-chenHsiung (eds). *Thinking*

with cases:Specialist Knowledge in Chinese Cultural History (Honolulu: University of Hawai'I Press, 2007), 31-61.

Tam Ka-chai. "Conditions and Risks of Water Transport in the late Ming Songjiang Region as seen in the cases collected in Mao Yilu's *Yuanjianyanlüe*," in So, Kee-long Billy (ed). *The Economy of Lower Yangtze Delta in late Imperial China: connecting Money, Markets and Institutions.* London: Routledge, 2013), 266-277.

Tam Ka-chai, "Favourable Institutional Circumstances for the publication of Judicial Works in late Ming China," *Ètudes chinoises* XXVIII « dossier droit » / special issue on "Chinese Law" (2009), 51-71。

大學叢書·香港浸會大學近代史研究中心專刊　1704004

明中晚期的法律史料與社會問題

著　　　者	譚家齊
責任編輯	呂玉姍
特約校對	林秋芬
發 行 人	林慶彰
總 經 理	梁錦興
總 編 輯	張晏瑞
編 輯 所	萬卷樓圖書股份有限公司
排　　版	林曉敏
印　　刷	博創印藝文化事業有限公司
封面設計	菩薩蠻數位文化有限公司

發　　行　萬卷樓圖書股份有限公司
　　臺北市羅斯福路二段 41 號 6 樓之 3
　　電話 (02)23216565
　　傳真 (02)23218698
　　電郵 SERVICE@WANJUAN.COM.TW
香港經銷　香港聯合書刊物流有限公司
　　電話 (852)21502100
　　傳真 (852)23560735

ISBN 978-986-478-358-8
2020 年 10 月初版二刷
2020 年 7 月初版
定價：新臺幣 260 元

如何購買本書：
1. 劃撥購書，請透過以下郵政劃撥帳號：
　　帳號：15624015
　　戶名：萬卷樓圖書股份有限公司
2. 轉帳購書，請透過以下帳戶
　　合作金庫銀行 古亭分行
　　戶名：萬卷樓圖書股份有限公司
　　帳號：0877717092596
3. 網路購書，請透過萬卷樓網站
　　網址 WWW.WANJUAN.COM.TW

大量購書，請直接聯繫我們，將有專人為您服務。客服：(02)23216565 分機 610

如有缺頁、破損或裝訂錯誤，請寄回更換
版權所有·翻印必究
Copyright©2020 by WanJuanLou Books CO., Ltd.
All Right Reserved　　　　Printed in Taiwan

國家圖書館出版品預行編目資料

明中晚期的法律史料與社會問題 / 譚家齊著.
-- 初版.-- 臺北市：萬卷樓, 2020.07
　　面；　公分.--(大學叢書. 香港浸會大學近
代史研究中心專刊；1704004)

ISBN 978-986-478-358-8(平裝)
1.中國法制史 2.史料 3.明代

580.92　　　　　　　　　　109004591